자전거 페달
밟으며
백두대간 넘었네

자전거 페달 밟으며 백두대간 넘었네

초판 1쇄 발행 2019년 12월 23일

지은이 권성근
펴낸이 장길수
펴낸곳 지식과감성#
출판등록 제2012-000081호

디자인 박예은
편집 박예은, 이현
교정 김연화
마케팅 고은빛

주소 서울시 금천구 벚꽃로298 대륭포스트타워6차 1212호
전화 070-4651-3730~4
팩스 070-4325-7006
이메일 ksbookup@naver.com
홈페이지 www.knsbookup.com

ISBN 979-11-6275-933-2(03810)
값 14,000원

ⓒ 권성근 2019 Printed in Korea

잘못된 책은 구입하신 곳에서 바꾸어 드립니다.
이 책의 전부 또는 일부 내용을 재사용하려면 사전에 저작권자와 펴낸곳의 동의를 받아야 합니다.

이 도서의 국립중앙도서관 출판예정도서목록(CIP)은 서지정보유통지원시스템
홈페이지(http://seoji.nl.go.kr)와 국가자료공동목록시스템(http://www.nl.go.kr/kolisnet)에서
이용하실 수 있습니다. (CIP제어번호 : CIP2019051384)

 홈페이지 바로가기

자전거 페달 밟으며 백두대간 넘었네

75살 老翁의 백두대간 고개 자전거 도전기

권성근 지음

70년 지기가 본 저자 권성근

저자 권성근과 나는 해방되던 해인 1945년, 서울 사대문안 서쪽 사직공원 인근에서 같이 태어나 초·중·고등학교도 함께 다닌 죽마고우다.

2년 전인가? 자전거로 전국을 돌아다닌 기록을 《자전거 페달을 밟으며》라는 책으로 발간하고 난 후 한동안 잠잠하더니 어느 날 갑자기 백두대간 고개를 자전거 타고서 혼자 넘겠단다. 그리고 그 기록을 묶어서 또 책으로 내겠단다. 승용차로도 넘기 힘든 아찔한 고개들을, 그것도 혼자서 넘겠다니 믿기지 않는 사건이다.

하지만 그의 고집을 누가 말리겠는가? 같이 자전거를 타는 동호회원들도 혼자서는 위험하니 가지 말라고 말렸다지만 그는 기어이 혼자서 백두대간 고개 넘기를 떠났고 끝내 해내고 말았다.

그러면서 그 기록을 책으로 낼 준비 중이라며 나에게 저자 소개말을 부탁하기에 나는 책상머리에 앉아 이 글을 쓰고 있다. 그는 어떻게 해서 백두대간 고개 넘기라는 젊은이들도 힘들어하는 거사를 성공할 수 있었을까? 초·중·고 동창으로 평생을 같이한 친구이지만 여러모로 궁금하여 그 비결을 한번 살펴보려 한다.

첫째, 그는 친화력이 대단하다.

등산과 자전거 타기는 혼자보다는 친구나 동호회원과 같이 해야 하는 활동일 뿐만 아니라, 그들과 원활한 인간관계가 있어야 가능하다. 더군다나 동호회원들은 연령상 아래위로 10여 년 이상 차이가 나는 것이 보통이다.

그러나 그는 자신을 최대한 낮추고 남이 하기 싫어하고 어려운 일들을 솔선수범한다. 또한 상대방을 배려하는 마음으로 불편함이 없도록 도와주며, 다른 사람들을 가족처럼 대하면서 분위기를 밝게 만든다. 가끔은 먼저 지갑을 열어 음료나 다과를 흔쾌히 제공하여 자리를 즐겁게 만들기도 한다.

둘째, 그는 집중력이 대단하다.

무슨 일이든 한번 목표를 정하면 망설이지 않고 실행에 옮긴다. 중도에 힘든 일이 있어도 이에 굴하지 않고 꿋꿋하게 버티면서 몰입하는 정신력이 대단하다. 독서광이기도 한 그는 평생 책을 끼고 살았으며 그의 방 서가에는 아직도 2,000여 권은 실히 될 책들이 그득하다. 그리고 책을 읽을 때도 집중력을 가지고 몰입하기에 그는 자연스레 아는 것이 많을 수밖에 없다. 특히 사서삼경 등 한학에는 더욱 해박한 지식을 가지고 있어 우리는 그를 유생이라고도 부른다.

또, 자전거 타기는 물론 등산, 사진 찍기, 테니스를 비롯한 각종 구기 운동 등, 다방면으로 많은 취미를 가지고 있다. 그는 취미 활동도 어느 수준을 넘어가야 만족하기에 집중력을 가지고 몰입하곤 한다. 나는 그런 그의 집중력이 부럽기는 하지만 감히 따라 할 엄두가 나지는 않는다. 그러한 그가 최근에 끝낸 백두대간 고개 넘기는 그가 보여 준 집중력의 극치가 아닌가 싶다.

셋째, 그는 체력이 대단하다.

굳건한 체력이 밑바탕 되지 않으면 모든 활동들을 제대로 할 수 없는 것은 자명한 일이다. 하지만 그는 근육질 몸매가 아니다. 몸도 호리호리한 것이 오히려 약해 보인다. 그런 그가 젊은 친구들과 등산을 다닐 때 우리는 짊어지기도 벅찬 30kg 이상의 배낭을 늘 메고 다닌다. 나는 그의 다리 근육이 단단할 거라고 생각하고 한번은 다른 친구와 함께 그의 종아리와 허벅지를 검사했다. 하지만 너무나 의외의 결과로 우리는 아연실색하고 말았다. 근육은 하나도 만져지지 않고 아기살처럼 보들보들했기 때문이다.

어떻게 이런 몸을 가지고 30kg이 넘는 무거운 배낭을 메고 산을 다녔을까? 그 비밀은 실같이 가느다란 근육이 함께 모여서 만든 지근 때문이다. 아기살처럼 보드라운 지근은 단단한 근육보다 지구력이 더 크기에 피로에 강하고 유산소 운동과 근지구력 운동에 최적이라고 하니 그것은 타고난 축복인 것이다. 하여튼 그는 70 중반이 지난 늙은 나이임에도 불구하고 지리산 성삼재부터 설악산 진부령까지 '자전거 타고 백두대간 고개 넘기'를 불과 14번에 걸쳐서 끝냈다.

그것은 그의 친화력에 따른 사람 사귐과 그에 따른 그들의 도움, 목표를 정하면 망설이지 않고 실행하는 집중력, 그리고 든든한 지구력과 빠른 회복력을 바탕으로 체력을 꾸준히 유지했기에 가능했을 것이라고 나는 생각된다.

그는 지금처럼 친구들을 깜짝 놀라게 하는 경우가 종종 있다. 앞으로 또 어떤 일로 친구들을 놀라게 할지 궁금해진다. 앞으로도 계속하여 그 친화력과 집중력 그리고 굳건한 체력을 바탕으로 새롭고 멋진 활동을 계속하여 친구들을 놀라게도 하고 즐겁게도 해 주기 바란다.

북한산 기슭 홍지동에서
2019년 9월 1일
滿仙 이 만 구

글을 시작하면서…

한 사내가 있다. 사내는 늙었고 몸도 약하다. 늙고 몸도 약한 그 사내는 백두대간 고개들을 자전거 페달을 밟으며 넘으려 한다. 그래서 백두대간 기슭에 기대어 힘들게 살아가며 어쩔 수 없이 삶을 꾸려야 했던 민초들의 이야기들을 듣겠단다. 아주 간절하게….

백두대간白頭大幹.

백두대간을 글자 뜻대로 풀이하면 백두산에서 시작되는 큰 산줄기라는 뜻이다. 14세기 고려 공민왕 때 우필흥于必興이라는 사람이 공민왕에게 올린 상소문에는 "아국我國은 백두에서 시작하여 지리에서 끝난다"라는 구절이 있다. 그러니 14세기 무렵부터 우리나라에 이미 백두대간 개념이 있었음을 알 수 있다.

그러나 오늘날 우리가 흔히 말하는 백두대간은 18세기 무렵인 조선 영조 때, 여암旅菴 신경준申景濬(1712~1781)이 썼다고 추정되는 《산경표山經表》라는 지리서地理書를 기본으로 한다.

하지만 우리가 그 백두대간이란 말을 들어 본 것은 40년도 채 되지 않는다. 지금은 고인故人이 된 아마추어 고지도 연구가이자 산악인인 이우형 선생이 1980년에 인사동 고서점에서 《산경표》를 발견하기 전까지 우리에게 익숙한 산줄기는 산맥山脈이라는 말뿐이었다.

태백산맥, 소백산맥 등 우리가 지금까지도 쓰고 있는 '산맥'이라는 말은 사실 1903년에 일본 지리학자 고토 분지로(小藤文次郞)가 우리나라 지하

광물을 수탈할 목적으로 쓴 〈조선산맥론〉에서 처음 사용된 말이다. 이 내용을 야스 쇼에이(失洋昌永)라는 일본 사람이 〈한국지리〉라는 교과서에 아무 검증 없이 수록한 것이다.

〈조선산맥론〉에서 고토 분지로가 주장한 산맥의 개념은 산의 실제 지형을 따라 산줄기를 보는 것이 아니라 우리나라 땅속에 묻힌 광물 구조선을 따라 산줄기를 보는 개념이다.

하지만 해방 후에도 알게 모르게 일본 식민사관植民史觀에 물들어 있던 우리들은 《산경표》가 발견되기 전까지는 산맥이라는 말을 계속 사용했고, 아직까지도 매스컴에서조차 산맥이라는 말을 사용하는 것이 가끔 보인다.

《산경표》에 나오는 우리나라 전통 산줄기 개념은 산자분수령山自分水嶺이다. 즉 '산은 물을 가르고, 물은 산을 넘지 않는다'는 것이다. 그래서 우리나라의 등뼈라고 할 수 있는 제일 크고 긴 산줄기 백두대간은, 백두산에서 시작해서 지리산까지 장장 1,400여 km를 물 한 번 가르지 않고 이어진다고 《산경표》는 말한다.

이런 이치에 따라 백두대간에서 가지를 쳐 뻗어 나간 산줄기를 1정간 13정맥으로 나누고 정간과 정맥에서 다시 가지 친 산줄기를 기맥岐脈, 지맥支脈이라고 한다. 그러니 '산은 하나의 뿌리에서 수없이 갈라져 나가는 것이고, 물은 서로 다른 근원으로부터 하나로 합쳐지는 것이다'라고 고산자孤山子 김정호金正浩는 《대동여지도》에서 말한다.

그렇지만 여기에서 우리가 명심해야 할 것이 하나 있다.
'산이 물을 가른다'라는 말은 배타적인 가름이 아니다. 오히려 조화의 다른 말이다. 바로 음과 양, 물과 땅, 구름과 비 같이 밀접한 관계를 갖고 서로 보완해 나간다는 의미를 담고 있다. 이러한 《산경표》의 새로운 산줄기 개념은 산맥이라는 말을 당연시 여기던 그 당시 우리나라 산악계에 큰 파문과 충격을 주었다. 그 후, 우리나라 산악인들 사이에서는 백두대간의 실체를 알아볼 겸 백두대간을 걷는 붐이 일기 시작한다.

자칭 산꾼임을 자처하던 그 사내도 60줄에 접어들려는 2003년에 배낭을 둘러메고 지리산智異山 천왕봉天王峰부터 강원도 진부령陳富嶺까지 남쪽 백두대간 산줄기 약 680km를 1년여에 걸쳐 걷는다. 또, 남쪽에 있는 9개의 정맥 중 한북정맥과 한남정맥 그리고 한강기맥도 걷는다. 서울에서 태어나 계속 서울에서만 살아왔던 사내는 서울의 젖줄인 한강에서 맥을 다하는 세 개의 산줄기를 꼭 걸어 보고 싶었기 때문이다.

산꾼임을 자처하며 산에 미쳐 다니던 사내가 70살 되는 해부터는 50여 년 동안 다니던 산을 접고 자전거를 타기 시작한다. 그리고 인천 정서진부터 부산 낙동강 하굿둑까지 633km에 달하는 '우리나라 자전거길 국토종주'를 한다.

한강, 낙동강, 금강, 영산강 등, 사대강四大江과 섬진강 자전거길도 돌아다닌다. 동해안을 따라 만든 동해안 자전거길, 충청북도 다섯 개 하천을 도는 오천길, 제주도를 한 바퀴 도는 제주도 순환길 등 우리나라 모든 자전거길을 돌아다녔다. 그래서 '대한민국 자전거길 국토완주 그랜드슬램'이라는 증서와 메달도 받는다.

그러면서 자연스레 자전거로 백두대간 고개 넘기에도 관심을 갖기 시작했다. 어느 해 5월. 사내는 자전거를 같이 타는 카페 회원들이랑 자전거를 타고 한계령을 올랐다. 정상에서 땀을 식히며 동해안 양양 쪽을 바라보던 사내 마음속에 그간 잠잠하던 '자전거 타고 백두대간 고개 넘기' 충동이 다시 일어난다.

70 중반에 들어선 사내에게 남아 있던 버킷 리스트(bucket list)는 두 개였다. 그중 하나가 자전거를 타고 백두대간 고개를 넘는 것이고, 또 하나는 10여 년 전에 배낭을 메고 걸어서 올랐던 히말라야 안나푸르나 베이스캠프를, 네팔 제2의 도시 포카라(Pokhara)에서부터 자전거를 타고 오르는 것이다. 그러나 나이, 건강 등 여러 가지 여건을 감안하여 자전거로 안나푸르나 베이스캠프에 오르는 것은 진즉에 포기한다.

하지만 하나 남은 버킷 리스트인 자전거 타고 백두대간 고개 넘기마저 포기한다는 것은 얼마 남지도 않은 그의 인생 자체를 부정하는 것 같아 자괴감이 들고는 했었는데 그 충동이 다시 일어난 거다. 남한에서 자전거를 타고 넘을 수 있는 백두대간 고개는 북쪽 설악산 진부령부터 남쪽 지리산 성삼재까지 모두 50개이다. 또 백두대간 고개는 아니지만 백두대간 고개를 넘으려면 거치지 않을 수 없는 고개도 13개가 있으니 모두 63개의 고개를 넘어야 한다.

나이 많고 몸도 약한 사내에게는 결코 쉽지 않은 일이다. 그러나 사내는 더 나이 들기 전에 도전해 보기로 마음을 단단히 굳히고 인터넷 등을 뒤져 관련 자료를 찾으며 사전 준비를 한다.

그런데 이미 백두대간 고개를 넘은 사람들이 '백두대간 종주'라는 말을 쓰고 있는 것이 눈에 가끔 띈다. 종주? 사내가 아는 종주의 개념은 산줄기를 따라서 걷는 것이었다. 그 사내는 혹시나 해서 종주의 뜻을 사전에서 찾아본다.

종주縱走

1. 능선을 따라 산을 걸어서 많은 산봉우리를 넘어가는 일.
2. 산맥 따위가 지형이 긴 쪽으로, 또는 남북으로 이어져 있음.

사전상의 종주 뜻풀이는 사내가 알고 있는 뜻과 별반 다르지 않았다. 다시 능선의 정확한 뜻이 궁금해졌다. 또 사전을 찾았다. '산등성이를 따라 쭉 이어진 선'이란다. 산등성이는 또 뭐야? 사내는 갑자기 초등학생으로 돌아간 기분이 들었으나 능선의 확실한 개념을 알기 위해서 다시 사전을 들척인다. 산등성이는 산의 등줄기이다.

나름대로 종주라는 말을 정리하자면 '산 등줄기를 따라 솟아 있는 많은 산봉우리를 넘어가는 것'이 될 것이다. 그렇다면 자전거를 타고 백두대간을 넘어가는 것은 산봉우리들을 넘어가는 것이 아니고 산 등줄기상에 있는 고개를 넘어가는 것이니 종주라고 할 수는 없다. 나중에 소감문이라도 한 줄 쓰려면 제목을 뭐라고 하지? 종주라는 말이 제일 무난하기는 한데….

종주의 대칭 개념이라 할 수 있는 횡주橫走라는 말이 있을까? 사내는 또 사전을 뒤적인다. 그러나 횡주의 사전적 의미는 '바른 길을 버리고 바르지 못한 길로 가거나, 함부로 날뛰고 다님'이다. 그러면 종단縱斷은? 종단의 뜻풀이 개념도 제목으로 쓰기에는 조금 애매하다.

할 수 없다. 제목 문제는 뒤에 다시 생각하고 일단 출발하기로 사내는 결심한다. 그러나 사내가 혼자 간다니 주위의 반대가 만만치 않다. 자전거를 같이 타는 자전거카페 회원들은 모두 반대다. 특히 사내와 나이가 동갑인 회장은, 그 나이에 도중에 불상사라도 생기면 혼자서 어떻게 대처할 것이며 요즈음 자전거 타는 것을 보면 다리 힘도 많이 떨어진 것 같다고 극구 반대다.

어떤 회원은 정 가시겠다면 젊은 친구를 한 사람 소개해 줄 터이니 같이 가란다.

모두들 사내를 위하는 충심衷心의 말일 것이다. 그러나 그는 이미 마음을 굳힌 상태이다. 늙고 몸도 약한 그 사내의 나이가 이미 내일을 기약할 수 없는 70 중반이기 때문이다.

그 늙고 몸도 약한 사내의 이름은 권성근이다.

> 내일 내일 하기에
> 물었더니
> 밤을 자고 동틀 때
> 내일이라고
>
> 새날을 찾던 나는
> 잠을 자고 돌보니
> 그때는 내일이 아니라
> 오늘이더라
>
> 무리여! 동무여!
> 내일은 없나니
>
> – 윤동주, 〈내일은 없다〉

2019년 늦봄이 시작되는 어느 날
不忘筌室에서

70년 지기가 본 저자 권성근 / 4
글을 시작하면서… / 7

01. 첫 번째 길: 74km 6시간 20분 / 16
서울남부터미널 – 원지버스정류소 – 덕천서원 – 하동버스터미널 – 구례공영버스터미널 – 성삼재 – 정령치 – 춘향묘 – 여원재 – 운봉 둥지민박 1박

02. 두 번째 길: 115km 9시간 05분 / 33
운봉 둥지민박 – 황산대첩비 – 아막산성 – 흥부마을 – 복성이재 – 무릉고개 – 논개 생가 – 육십령 – 서상 – 빼재 – 소사고개(탑선슈퍼 1박)

03. 세 번째 길: 33km 2시간 38분 / 57
소사고개 탑선슈퍼 – 덕산재 – 나제통문 – 설천버스정류소 – 동서울터미널

04. 네 번째 길: 79km 6시간 25분 / 69
동서울터미널 – 무주공용버스터미널 – 부항령 – 안간재 – 우두령 – 괘방령 – 추풍령 – 에덴파크 1박

05. 다섯 번째 길: 63km 4시간 45분 / 87
추풍령 에덴파크 – 작점고개 – 큰재 – 개머리재 – 지기재 – 신의터재 – 화령 – 화령공용버스터미널 – 동서울터미널

06. 여섯 번째 길: 125km 10시간 50분 / 102
동서울터미널 – 화령공용버스터미널 – 비재 – 장고개 – 갈목재 – 밤티 – 늘재 – 버리미기재 – 문경 가은역 – 문경버스터미널 – 이화령 – 소조령(조령) – 수안보 리몬스온천호텔 1박

07. 일곱 번째 길: 107km 9시간 15분 / 132
동서울터미널 – 수안보시외버스터미널 – 지릅재 – 하늘재 – 여우목고개 – 벌재 – 진터고개 – 저수령 – 사인암 – 죽령 – 소수서원 – 고치령펜션 1박

08. 여덟 번째 길: 115km 10시간 42분 / 153
고치령펜션 – 고치 – 마구령 – 늦은목이(통과) – 오전약수 – 주실령 – 도래기재(통과)
– 둘째내리고개 – 첫째내리고개 – 상동읍 – 화방재 – 태백버스터미널 – 동서울터미널

09. 아홉 번째 길: 80km 7시간 10분 / 173
동서울터미널 – 태백버스터미널 – 화방재 – 만항재 – 싸리재 – 피재 – 건의령
– 삼척 스타모텔 1박

10. 열 번째 길: 93km 8시간 35분 / 187
댓재(통과) – 백복령 – 갈고개 – 버들고개 – 삽당령 – 고단삼거리 – 비오치 – 닭목령
– 피덕령 – 횡계시외버스터미널 – 동서울터미널

11. 열한 번째 길: 114km 8시간 29분 / 209
동서울터미널 – 횡계시외버스터미널 – 대관령옛길 – 강릉 – 진고개 – 이승복기념관
– 운두령 – 진부시외버스터미널 – 동서울터미널

12. 열두 번째 길: 37km 3시간 20분 / 234
올림픽공원 – 인제 합강정휴게소 – 미시령 – 속초 장사항 – 한계리 황토 집 1박
*장사항과 한계리는 차로 이동

13. 열세 번째길: 78km 5시간 50분 / 245
한계리 황토 집 – 한계령 – 조침령 – 구룡령(통과) – 오색버스터미널 – 동서울터미널

14. 열네 번째길: 10km 40분 / 256
동서울터미널 – 백담입구터미널 – 진부령

01

첫 번째 길
74km 6시간 20분

서울남부터미널 – 원지버스정류소 – 덕천서원 – 하동버스터미널
– 구례공영버스터미널 – 성삼재 – 정령치 – 춘향묘 – 여원재 – 운봉 둥지민박 1박

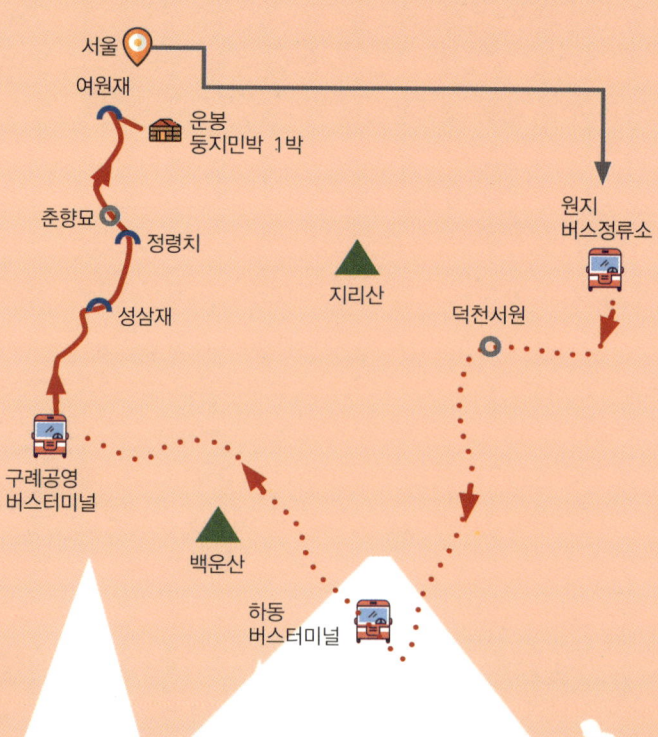

　백두대간 고개를 자전거로 넘는 사람들은 일반적으로 북쪽 강원도 진부령에서 출발하여 지리산 성삼재로 남진을 한다.

　그러나 나는 우리나라의 염원인 남북통일이 되면 자전거 페달을 밟으며 북쪽 백두대간 고개들을 계속 이어가 백두산 천지까지 오르겠다는 바람을 가슴에 품고 북진하는 방법을 택한다.

　백두대간을 북진할 경우, 대간 시작점은 당연히 지리산 천왕봉天王峰이다. 마음은 자전거를 끌고서라도 천왕봉에 올라가 지리산 산신령께 백두대간 남쪽 종착점인 강원도 설악산 진부령까지 무사히 완주할 수 있게 도와주실 것을 간구하고 천왕봉에서 백두대간 시작 첫 페달을 밟고 싶지만 그럴 수 없는 것이 현실이다.

　그 대안으로 내가 평소 존경하던 남명南冥 조식趙植 선생 영정이 있는 덕천서원을 찾아가 그 앞에서 무사완주를 기원하기로 한다. 남명 선생을 기리기 위해 1576년(선조 9년)에 세운 덕천서원德川書院과 선생이 제자들을 가르치던 산천재山天齋는 경남 산청군 시천면 덕산德山 마을에 있다.

남명 선생은 지리산을 닮고 싶어서 61세가 되던 1561년(명종 6년)에 지리산 자락 덕산으로 이사하여 산천재를 짓고, 후학을 가르치다가 1572년 72세의 나이로 일생을 마친다.

남명 선생은 퇴계退溪 이황李滉과도 잘 알고 지냈으며 학문적으로도 퇴계와 견줄 만한 출중한 학식을 갖추고 있었다. 그러나 선생은 혼탁했던 당시 사회를 비판하며 벼슬길에 나가지 아니하고 후학을 기르며 평생 초야에 묻혀 산다.

또한, 선생은 주자학이라는 깊은 늪에 빠져 있던 조선 사회를 뛰어넘어 그 당시에는 요사妖邪스러운 책이라고 금기시하던 《노자》와 《장자》를 포용했던 사람이기도 하다. 우리는 그 단초를 선생의 별호에서도 찾아볼 수 있다. 《장자莊子》 첫 장을 넘겨 보자. 넘기자마자 바로 남명南冥을 만날 것이다.

북쪽 깊은 바다에 물고기 한 마리가 살았는데, 그 이름을 곤鯤이라 하였습니다.
그 크기가 몇천 리인지 알 수 없었습니다.
이 물고기가 변하여 새가 되었는데, 이름을 붕鵬이라 하였습니다.
그 등 길이가 몇천 리인지 알 수 없었습니다.
한 번 기운을 몰아 힘차게 날아오르면 날개는 하늘에 드리운 구름 같았습니다.
이 새는 바다 기운이 움직여 물결이 흉흉해지면 남쪽 깊은 바다로 가는데, 그 바다를 예로부터 하늘 못(天池)이라 했습니다.

─《장자》 제1편, 〈소요유逍遙遊〉 중에서

'남쪽 깊은 바다 하늘 못(天池).' 이것이 바로 남명南冥이다.

북쪽 바다를 뜻하는 북명北溟에 대비하여 부르는 말인데, 명冥은 '어두운 또는 아득한'이라는 뜻으로 보통 쓰이지만 '바다'라는 뜻도 가진다.

남명 선생은 아는 것과 행동이 일치하는 삶을 살기 위한 마음 다짐으로, 고양이 목에 방울 달기가 아니라 자기 자신 허리춤에 쇠 방울 두 개를 매단다. 그리고 스스로를 성성자惺惺子라고 부르며 몸이 움직일 때마다 울리는 쇠 방울 소리를 들으며 지행일치知行一致의 마음을 가다듬었다. '성惺'은 일반적으로 '깨닫다'의 뜻이지만, '작은 쇠 방울'이라는 의미도 있다.

선생은 허리춤에 쇠 방울만 매단 게 아니다. 손잡이에 '내명자경內明者敬, 외단자의外斷者義'라는 글자가 새겨진 경의검敬義劍이라는 칼도 차고 다녔다.

경의敬義는 주역에 나오는 경이직내敬以直內, 의이방외義以方外 즉, '경으로 마음을 곧게 하고, 의로써 행동을 반듯하게 한다'의 줄임말이다. 경의는 남명 선생 학문의 중심이었으며, 평생에 걸쳐 마음에 새겨 두었던 말도 경의였다.

2019년 4월 27일 토요일 새벽.

　백두대간 고개들을 만나러 첫길을 떠난다. 하루에 100km씩 달려도 거의 보름은 걸리는 1,200여 km의 여정. 중도에 포기함 없이, 또 아무 사고도 없이 진부령까지 무사하게 완주할 수 있기를 간구하며 먼저 남명 선생을 뵈러 서울남부터미널에서 아침 8시에 출발하는 고속버스를 타고 덕천서원 들머리 경남 산청군 원지버스정류소로 향한다.

　3시간여 만에 버스는 나를 원지버스정류소에 내려놓는다. 여기서 덕천서원까지는 대략 17km가량이니 1시간 정도 페달을 밟으면 되겠다. 첫걸음이기에 나름 열심히 자전거 페달을 밟아 백두대간 고개 넘기의 시작점으로 정한 덕천서원 앞에 다다른다. 그런데 덕천서원과 산천재를 이리저리 둘러보아도 남명 선생 영정을 찾을 수가 없다. 할 수 없이 산천재 앞에서 두 손을 모으고 백두대간 무사 완주와 이번 길에 남명 선생의 뜻을 조금이나마 알 수 있게 되기를 기원한 후 택시를 타고 하동버스터미널로 향한다.

　지리산에서부터 백두대간을 북진할 경우, 첫 고개인 성삼재로 오르기 위해서는 전남 구례군으로 가야 한다. 그러나 이곳 덕천서원에서 구례로 가려면 하동으로 가서 버스를 타야 한다. 하동까지 거리가 40km가 넘으니 혼자서 자전거를 타고 공도를 가기에는 부담이 되기 때문이다.

　하동에서 버스를 타고 구례공영버스터미널로 향하며 지리산 천왕봉님에게 죄송스런 마음에 남명 선생이 천왕봉을 읊은 시 한 수를 드린다. 천왕봉님! 직접 찾아뵙지 못하고 시 한 수로 대신하는 무례를 용서하옵소서.

請看千石鍾(청간천석종)
非大叩無聲(비대고무성)
萬古天王峰(만고천왕봉)
天鳴猶不鳴(천명유불명)

원하건대 천석들이 큰 종을 보고 싶었네
크게 두드리지 않으면 소리를 내지 않는
만고불변의 천왕봉을
하늘은 울어도 울지 않는다네

    구례공영버스터미널에 내리니 오후 1시가 다 되었다. 근처 음식점에서 간단히 점심을 먹고 백두대간 고개 넘기 첫출발을 시작한다. 여기에서 백두대간 첫 고개 지리산 성삼재까지는 약 18km인데 그중 10km가량은 계속 오르막이니 내 자전거 타는 실력으로는 2시간 가까이 걸릴 것이다. 그러나 어쩌랴? 이미 주사위는 던져졌는데….

    "애마야, 백두대간 고개 넘기가 끝날 때까지 잘 부탁한다."

    천은사 입구에 오니 한 사람이 합장을 하며 자전거를 세운다. 천은사 입장료를 받는 곳이다. 천은사는 여기에서도 왼쪽 길로 한참을 들어가야 하고, 구경도 하지 않을 것인데 이 일대가 천은사 땅이기에 입장료를 내야 한단다.

    오래전에 대법원에서도 입장료 징수는 불법이라고 판결을 했건만 아직도 입장료를 받고 있다니…. 이곳뿐만이 아니고 설악산 신흥사 등 큰 절에서는 절에 들어가지 않아도 입장료를 징수하고 있다. 언제쯤 시정될 수 있을까? 고글을 벗어 검버섯 핀 늙은 얼굴을 확인시키고 다시 자전거 페달을 밟는다.

천은사 입장료 징수하는 곳을 지나면서부터는 오르막이다.

올라갈수록 경사도가 심해지니 나는 타는 것보다 끌기를 더 많이 하면서 굼벵이 행진을 한다. 굼벵이 걸음도 걸음은 걸음인가 보다. 앞으로 시암재 휴게소가 보인다.

시암재에서 2km 정도만 더 오르면 성삼재이다. 잠시 쉬기로 하고 자전거를 끌고 휴게소로 들어가 이온 음료 한 캔을 사들고 의자에 주저앉는다.

20여 년 전, 겨울 어느 날. 집사람과 지리산 종주를 목적으로 구례구역에서 택시를 타고 성삼재로 가는 도중이었다. 얼음이 살짝 깔린 이곳 커브 길을 도는데 택시가 빙그르 돌더니 차머리를 구례 쪽으로 돌린다.

"손님… 택시가 못 올라가겠다는데요."

할 수 없이 택시에서 내려 여기서부터 연하천대피소까지 걸어야 했던 조금은 쓰라린 추억이 생각난다.

대피소가 국립공원관리공단 소관으로 넘어가기 전에는 이런저런 추억도 참 많았던 연하천대피소. 그때 대피소지기였던 털보 김병관 씨는 어디서, 어떻게 살고 있는지…? 10년 전 지리산 케이블카 논의가 한창일 무렵, 대표적 환경론자이던 그가 북한산 백운대 정상에서 혼자서 케이블카 설치 반대 시위를 한다는 말을 듣고 백운대로 찾아가 만나 본 것이 그를 본 마지막이다.

굼벵이의 행진 끝에, 험한 여정이 분명할 백두대간 고개 넘기의 **첫 번째 고개 지리산 성삼재**姓三岾(1,102m)에 오른다.

　성삼재는 전남 구례군 산동면과 광동면을 잇는 고개로 861번 지방도로가 지난다. 삼국 시대 이전 고대 국가 마한馬韓 때 성씨가 다른 3명의 장군이 지켰던 고개라 하여 성삼재라는 이름이 붙여졌다.

　백두대간은 이곳 성삼재를 기점으로 동쪽으로 노고단을 거쳐 반야봉(般若峰) 등, 지리산 주요 봉우리 7개를 거쳐 천왕봉으로, 서쪽으로는 만복대를 지나 큰고리봉, 정령치, 철쭉으로 유명한 바래봉 등으로 이어진다.

　내가 이곳 성삼재로 올라, 지리산으로 들어간 것만 해도 20번 정도는 실히 될 것이고, 지리산 등산로 이 길 저 길을 따라 지리산 품에 안겼던 적은 100번도 넘을 것이다.

　그러나 매번 똑같은 지리산은 없었다. 고인이 된 박완서 선생은 그의 산문집에서 '못 가 본 길이 더 아름답다'고 말했지만, 나에게 지리산은 언제나 아름다움이었다. 지리산의 아름다움은 사시사철이 달랐고, 아침과 저녁이 달랐다. 아니 그때그때 마음에 따라서도 달랐다. 지리산은 언제나 새로

움으로 다가오는 아름다움 그 자체였다.

언제나 새로움으로 다가오는 산답게 지리산은 이름도 많다. 산이 커서 이 산을 걷다 보면 지루해지기에 '지루하다'의 경상도 방언인 '지리하다'에서 지리산이 됐다는 우스개를 비롯하여, 중국 전설에 나오는 삼신산 중 하나인 방장산에 빗대어 부르는 방장산方丈山, 백두산의 맥이 흘러내리는 산을 뜻하는 두류산頭流山 등이 있다. 두류산이라는 이름에는 백두대간이 백두산에서 지리산까지 이어졌다는 의미가 그대로 들어 있다고 할 수 있겠다.

또, 태조 이성계가 지리산에서 하늘에 제사를 지내는데 제문을 쓴 종이가 타지를 않아 왕에게 복종하지 않는 산이라 하여 불복산不服山이라는 이름도 얻었고, 명창 권삼득이 부른 판소리 〈흥부가〉에는 망당산으로도 나온다. 오늘날 우리가 가장 많이 쓰는 지리산智異山은 지혜롭고 신령스러운 산, 어리석은 사람이 이 산에 머무르면 지혜롭게 되는 산이라고 말들 한다.

그러나 옛날 우리나라 말에 큰 산줄기를 뜻하는 '두름'이 두르 〉 드르 〉 드리 〉 드리 〉 지리의 구개음화 과정을 거쳐서 지리산이 된 것이라는 이야기도 있다. 그러다가 지리에 적당한 한자인 智異를 붙여서 智異山이 됐단다.

하여튼 지리산에 이렇게 많은 이름이 있다는 것은 민초들의 고단한 삶을 그대로 품어 주는 어머니같이 포근한 산이고 우리의 이런저런 애환도 다 들어 주는 영산靈山이기 때문일 것이다.

성삼재 우측 화장실 쪽 길은 노고단老姑檀으로 오르는 길이다. 노고단(1,507m)은 천왕봉(1,915m), 반야봉(1,732m)과 더불어 지리산 3대 주봉主峰이다.

노고단의 유래에 대해서는 삼신할머니설, 신라의 시조 박혁거세 어머니

선도성모를 지리산 수호신으로 받들었는데 이곳 노고단이 선도성모에게 제사를 올리는 곳이라는 설 등이 있다. 그러나 사람들 입에 제일 많이 오르내리는 이야기는 삼신할머니설이다. 우리나라에서는 옛적부터 삼신할머니를 잉태, 출산, 그리고 양육에 이르기까지 아이들의 모든 것을 관장하는 신으로 믿었기 때문일 것이다.

여기에서 노고단까지는 느긋하게 걸어도 1시간이면 충분한 거리다. 주차장에 차를 주차한 대부분의 사람들은 노고단 쪽으로 발걸음을 옮긴다. 너무 힘이 들어서 사흘 굶은 시어머니 얼굴상인 나와는 다르게 그들의 얼굴에는 즐거움이 넘친다. 그래, 많이들 즐거워해라~! 나도 한때는 지리산에만 들면 무조건 즐거웠느니라.

반야봉을 배경으로 인증 사진을 찍은 후 두 번째 백두대간 고개 정령치를 향해서 달궁마을 쪽으로 다운힐을 시작한다. 올라가기 위해서는 내려가야만 하는 아이러니…. 조금 내려가면 왼쪽으로 만복대萬福臺 오르는 길이 보인다.

만복대는 '지리산의 많은 복을 차지하고 있는 봉우리'라는 의미인데, 전남 구례군과 전북 남원시의 도계를 이루는 산으로 높이는 1,433m이다. 여름에는 강원도 점봉산 곰배령 버금가는 야생화 천국이고, 가을에는 억새로 유명한 산이다. 내가 산을 다니는 동안 만복대에 오른 것은 예닐곱 번 정도이다.

2010년 5월 어느 날에는 새벽 3시 40분에 백무동을 출발해 노고단까지 31km를 하루에 걸어와 노고단대피소에서 자고, 다음날 새벽에 성삼재를 거쳐 만복대, 정령치, 바래봉을 지나 인월까지 25km를 걷고 서울로 올라온 적이 있다. 백무동부터는 1박 2일간 총 56km를 걸은 것이다. 아래 글은 그때 산행기의 일부이다.

만복대는 과연 지리산 서북능선의 최고 조망대답다. 이곳에서 보는 지리산맥은 남부능선에서 보는 지리산맥과는 또 다른 느낌이고 맛이다. 지리산맥은 산꾼들이 지리산을 일컫는 말이다. 주능의 길이만도 자그마치 40km에 달하기 때문이다. 멀리 천왕봉에서부터 노고단에 이르는 지리산맥의 크고 작은 봉우리들이 반야봉을 향해 경례하듯 도열해 늘어서 있는 것이 한눈에 들어온다. 지리산의 중심이요 심장이라 할 수 있는 반야봉의 웅장한 모습에 나도 모르는 전율이 엄습해 와 부르르 몸을 떤다.
고개를 오른쪽 섬진강 쪽으로 돌리니 그곳은 회백색 깊은 바다. 깊은 바다를 뚫고 솟아올라 점점이 떠 있는 낙남정맥 위의 크고 작은 섬들이 아름답다.
섬. 섬. 섬. 그곳의 아무 섬에나 올라가서 풍덩하고 저 회백색 바다 속으로 뛰어들었으면… 아~ 죽어도 좋아.
(이하 생략)

다운힐 하는 내내 오른쪽으로는 아름다운 달궁계곡이 계속 따라온다. 다운힐을 하다 보니 정령치로 빠지는 달궁삼거리까지 5km가량은 순식간이다. 여기서 반선 쪽으로 3km만 더 내려가면 달궁마을이지만 나는 왼쪽으로 방향을 틀어야 한다.

달궁達宮마을은 전북 남원시 산내면 덕동리에 있는 마을이다. 남원 읍지인 《용성지》를 보면 기원전 350년에 마한의 왕이 이곳에 별궁(달궁)을 짓고 머물며, 진한의 내습을 막고자 정령치와 황령재에 성을 쌓고 71년간 성을 지켰다는 기록이 있다.

달궁의 비경은 달궁마을에서 심원마을까지 이어지는 달궁계곡 주변에 줄줄이 늘어서 있는 쟁기소, 쟁반소, 와폭, 구암소 등 많은 소沼에서 맛볼 수 있다. 쟁기소를 지나서 계곡을 가로지르는 쇠다리를 건너면 심마니능선과 지리산 제일의 기도처라는 묘향대를 거쳐 지리산 반야봉으로 오를 수도 있다.

오래전 어느 해 9월 중순, 젊은 친구들이랑 주룩주룩 내리는 가을비를 맞으며 달궁마을에서 심마니능선으로 올라가 반야봉 아래 공터에다 텐트를 치고 추위에 떨며 하룻밤을 지새운 적이 있다. 그때 이 길을 같이 오르며 고생하던 한 대장을 비롯한 남녀 멤버들은 어찌 살고 있는지 궁금해진다. 40대 초중반이었던 그들도 이제는 50대 중후반에서 60대 초반의 나이가 되었을 텐데….

왼쪽으로 방향을 튼 순간부터 다운힐의 즐거움은 잊어버리고 정령치까지 6km가량은 업힐을 해야 한다.

백두대간 두 번째 고개 정령치鄭嶺峙(1,172m)는 전북 남원시 주천면과 산내면에 걸쳐 있는 고개이다. 서산대사 휴정休靜(1520~1604)의 《황령암기 黃嶺岩記》에 의하면 기원전 84년, 마한의 왕이 진한의 공격을 막기 위해 정씨 성을 가진 장군을 이곳에 보내어 지키게 한 데서 정령치라고 불리게 됐단다.

자전거를 끌기도 하고 쉬기도 하면서 또 힘들게 정령치에 오른다. 2016년 10월 어느 날, 자전거 카페 회원들과 남원시 주천면 고기리 쪽에서 이곳을 오른 적이 있
다. 그때는 고기리 댐에서 사진 찍으려고 한 번 쉬고 정상까지 쉬지 않고 올랐었건만…. 100세 시대라는 요즈음에 70 중반의 나이는 중년이라고 말들 하지만, 매년 체력이 떨어져 가는 것을 절실하게 느끼고 있는 나에게는 그저 먼 나라 이야기일 뿐이다.

정령치 정상에서 고기삼거리까지 6km 가량은 내리막이다.
땀을 비 오듯이 흘리며 속으로는 쌍욕도 수없이 해 대며 정말로 힘들게 오른 업힐의 보상이다. 다운힐을 하며 네이버맵을 켠다. 네이버맵은 고기삼거리에서 직진하여 운봉 쪽으로 바로 가란다.

그러나 나는 고기삼거리에서 자전거 핸들을 왼쪽으로 꺾어 60번 도로인 정령치로로 들어선다. 오르막이고 다소 돌아가는 길일지라도 육모정 근처에 있는 춘향묘를 찾아가기 위해서다. 조선 시대 남존여비 사상과 부패한 관리에 저항하며 열여섯 나이에 자유연애를 구가하면서 스스로의 꿈을 실현해 나가자고 했던 춘향 누님을 뵙고 가는 것이 나름 그에 대한 예의라고 생각했기 때문이다.

흐느적흐느적 춘향묘에 다다르니 관광버스에서 한 무리의 아저씨, 아주머니들이 내린다. 왁자지껄하게 경상도 사투리로 대화를 나누며 춘향묘 표지석 앞에서 번갈아 사진을 찍으니, 나는 감히 사진 찍을 엄두가 나지를 않는다.

한참을 서성이다가 춘향묘 표지석 사진 한 장을 겨우 찍고, 뒤편 정자에 앉아 춘향 누님을 생각하며 잠시 상념에 젖는다. 상념 속에 암행어사가 된 이몽룡이 변 사또를 엄하게 꾸짖는 시가 들린다.

金樽美酒 千人血(금준미주 천인혈)
玉盤佳肴 萬姓膏(옥반가효 만성고)
燭淚落時 民淚落(촉루낙시 민원락)
歌聲高處 怨聲高(가성고처 원성고)

금항아리 속 좋은 술은 많은 사람의 피요
옥쟁반 좋은 안주는 만백성 기름이라
촛농 떨어질 때 백성들 원망 떨어지고
노랫소리 높은 곳에 원망소리 높도다

그러나 갈 길이 바쁘기에 상념에서 벗어나 여원재에 있는 주모酒母를 만나기 위해 다시 자전거 페달을 밟는다. 여원재 가는 길은 호경삼거리에서 남원시 이백면사무소 가는 길로 우회전을 해야 한다. 우회전한 후에는 24번 국도인 황산로를 만나는 지점까지 계속 페달을 밟으면 된다. 흐느적거리며 페달을 밟다가 보니 24번 국도인 황산로가 나온다.

황산로를 따라 운봉 쪽으로 얼마간 페달을 밟으니 여원재이다.

백두대간 세 번째 고개 여원재女院峙(480m)에는 다음과 같은 이야기가 전해 온다.

고려 말, 지금의 군산 지역인 진포鎭浦에서 최무선崔茂宣 등에게 패한 왜구들은 김천을 지나 그들의 2차 집결지 남원 운봉으로 모여든다. 이때 이성계는 토벌군의 요청을 받고 출동하여 지금의 여원재 인근 황산荒山에 주둔했다.

어느 날 밤 이성계의 꿈에 한 여인이 나타나 적과 싸울 날짜와 전략을 알려 준다. 그 여인이 알려 준 작전에 따라 전투를 한 이성계는 대승을 거두게 된다. 이 전투를 황산대첩荒山大捷이라고 하는데 고려 우왕 6년 때 일이다.

황산대첩 후 이성계는 꿈속의 여인이 고갯마루에서 주막을 하다가 왜구의 괴롭힘으로 자신의 젖가슴을 칼로 도려내고 자결한 주모라고 생각하고, 주모를 위로하기 위한 사당을 짓고 여원女院이라 부른다. 그때부터 이 고개 이름은 여원재가 된다.

여원재에 도착하자마자 왜구들의 괴롭힘을 피해 자결한 젊은 주모를 기리려고 훗날 사람들이 길가 바위에 새겼다는 그녀 모습을 찾아 주위를 돌아보았으나 그녀는 보이지 않는다. 아마도 미륵불로 현현하여 천상 세계로 올라간 모양이다. 어쩔 수 없이 등산로 입구에 세워진 돌 장승으로 인증 사진을 대신한다.

여원재는 동학농민운동 당시 농민과 관군 사이에 격전이 벌어졌던 곳이기도 하다. 잠시 휴식을 취하며 125년 전 동학농민운동 당시 민초들의 함성을 듣는다.

인내천人乃天. 사람이 곧 하늘이란다. 사람 모시기를 하늘같이 하란다. 그런데 여기서 사람은 누구를 가리키는 것일까? 외세의 힘을 빌려 민초들을 억압하려다가 오히려 외세에게 당하게 되자 어쩔 수 없는 몸부림으로 조선이 대한 제국임을 선포하고 자칭 황제에 오른 고종인가? 나라와 민초들은 어찌됐건 상관하지 않고 오로지 그네들의 이익과 안락에만 눈이 멀어 광분하던 양반 벼슬아치들인가?

아니다. 여기서 가리키는 사람은 나라의 뿌리인 민초들이다. 나는 오늘 여기 여원재에서 우리도 사람이라는 민초들의 외침을 들으며 민주주의 기본인 사람 중심 사상을 배운다. 미국 링컨 대통령이 그들의 남북 전쟁 격전지였던 게티즈버그(Gettysburg)에서 말로 외쳤던 것을, 민초들은 농사짓던 쟁기와 쇠스랑을 흔들면서 온몸으로 외친다. "백성의, 백성에 의한, 백성을 위한 나라를 만들자"고….

그런데 125년 전 대한 제국과 지금의 대한민국은 무엇이 다른가? 답답한 마음에 벌떡 일어나 자전거에 오른다. 땅거미가 슬슬 내려오고 있다. 오늘의 잠자리를 정해야 할 시간이다. 황산로를 따라 3km가량 페달을 밟아 운봉 읍내에 들어오니 오른쪽으로 민박집이 두어 군데 보인다. 이름이 멋진 '둥지민박'에 오늘의 둥지를 틀기로 한다.

02

두 번째 길
115km 9시간 05분

운봉 둥지민박 – 황산대첩비 – 아막산성 – 흥부마을 – 복성이재 – 무룡고개 – 논개 생가 – 육십령 – 서상 – 빼재 – 소사고개(탑선슈퍼 1박)

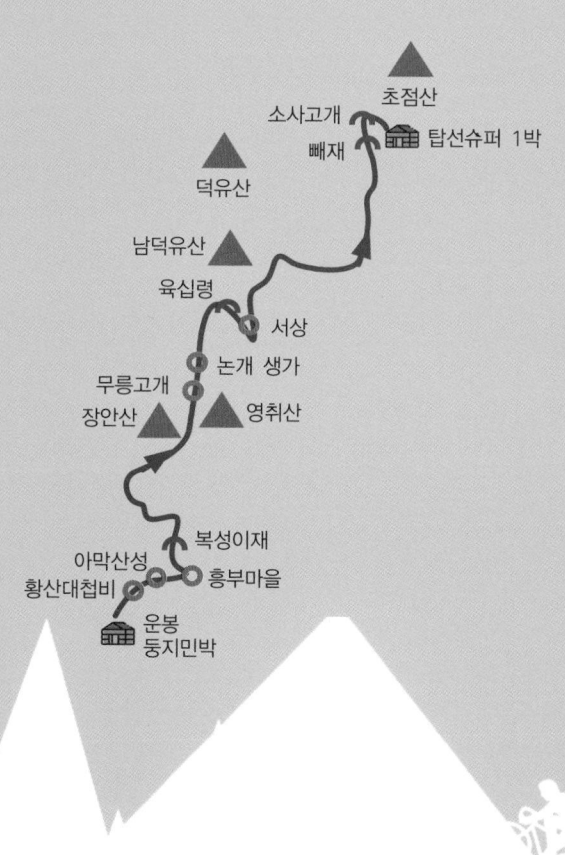

　새벽 5시에 눈을 뜬다. 몸이 무겁다. 그러나 오늘도 좋은 일만 생겨서 하루를 잘 견뎌 나갈 것이라고 믿으며 화장실로 향한다. 대충 몸을 씻고 하루 저녁 둥지를 틀었던 둥지민박을 나와 황산대첩비와 명창 송흥록, 박초월 생가 터가 있는 비전마을을 향해 자전거 페달을 밟는다.

　우리나라 고유 민속 음악인 판소리는 서편제西便制와 동편제東便制로 나뉜다. 섬진강 서쪽 지역인 광주, 보성, 나주, 고창 등에 전승된 판소리를 서편제라고 하고, 섬진강 동쪽인 운봉, 순창, 구례 지역에 전승된 판소리를 동편제라고 한다.

　운봉은 판소리 동편제의 창시자라고 할 수 있는 송흥록(1801~1863)을 비롯하여 박만순, 송우룡, 송만갑 등이 뿌리를 두고 있는 동편제의 중심 지역이다. 또, 여류 명창 박초월(1915~1983)이 득음得音한 곳이기도 하다.

운봉읍사무소를 지나 운봉 사거리에서 좌회전하여 약 3km를 가니 황산대첩비와 송흥록, 박초월 생가 터가 있는 비전마을이다. 황산대첩비는 조선조 14대 왕 선조가  태조 이성계의 황산대첩을 기념하기 위하여 1577년에 현재 장소인 남원시 운봉읍 화수리 비전마을에 세운 기념비이다.

영어 vision으로 착각할 수도 있는 비전마을은 황산대첩비가 세워지자 비각을 관리하기 위해 사람들이 모여 살기 시작하면서 형성된 마을이다. 비가 전해져 내려온(碑傳) 마을 혹은 비가 마을 입구(碑前)에 있다 해서 붙여진 이름이다.

선조 때 세워진 황산대첩비는 일제 강점기 때 일제에 의해 파괴된다. 그 파괴된 비석을 모아 1957년에 다시 대첩비를 건립하였으나 비신碑身이 여러 조각으로 깨지고 비문碑文 또한 거의 마모되어 현재의 오석烏石으로 비를 바꾸며 문화재 지정은 해제한다. 그리고 대신 비지碑地를 사적으로 지정한다.

황산대첩비지를 들러 보고 나오니 바로 옆이 송흥록, 박초월 생가 터이다. 그러나 《한국민족문화대백과사전》에는 '박초월은 전라남도 순천에서 태어나 전라북도 남원시 운봉면 갈계리에서 성장하였다'라고 돼 있다.

황산대첩비와 송흥록. 박초월 생가 터를 카메라에 담고 자전거에 오른다.

람천을 끼고 달리던 24번 국도는 서무교차로에서 인월면사무소 쪽으로 방향을 튼다. 여기서부터는 남원시 인월면이다. '달빛을 끌어들인다'는 뜻의 인월引月은 이성계가 황산 전투에서 왜구를 격파할 때 달이 밝게 비춰주었다는 데서 유래한 지명이다.

고려 시대는 해인海印, 수인手印 등 새긴다는 의미의 인월印月이라 불리었으나 조선 시대에 들어와 '달빛을 끌어들인다'라는 뜻인 인월引月로 바뀐다. 조선의 고려 시대 의미 지우기인가? 태조 이성계를 향한 〈용비어천가〉인가?

운봉삼거리부터 계속 따라오던 람천과는 인월면사무소가 있는 네거리에서 이별을 하고 남원시 아영면 방면으로 자전거 페달을 밟는다. 람천은 지리산 고리봉에서 발원해 전북 남원시 산내면을 거쳐 전라도와 경상남도 도계에서 임천과 합류한 후 남강, 낙동강을 지나 남해로 흘러들어 가는 길이

24km 가량의 하천이다.

람천이 흐르는 이곳 운봉은 예전에는 경상남도 함양 땅이다. 람천은 운봉을 비롯한 전라도 남원 일대를 휘돈 후, 경상도를 흐르는 낙동강과 합해져 결국은 경상도민의 식수원이 된다.

24km밖에 되지 않는 이런 작은 하천도 전라도와 경상도 땅을 휘도는데, 이 조그만 땅덩어리 안에서 경상도와 전라도를 동서로 나누어 찧고 까부는 일이 얼마나 우스운 일인가? 그런데 이 좁은 땅덩어리 안에서 전라도 땅 민초들은 근래까지도 왜 그렇게 힘든 삶을 살아야 했을까?

조정래가 그의 대하소설 《아리랑》, 《태백산맥》, 《한강》에서 연이어 그렸던 호남 지방 민초들의 애잔한 삶의 모습이 갑자기 떠오른다. 호남 지방 민초들은 조선 시대, 저 멀리는 고려 왕건의 훈요십조 이래부터 무슨 이유인지도 모르고 알지 못하는 차별 속에서 어려운 삶을 살았다. 그래서 그들은 나라 잃은 유민으로 만주를 떠돌기도 하고, 지리산 빨치산으로 헐벗고 굶주린 채 목숨을 잃어 갔으며, 또 서울을 비롯한 대도시 하층민으로 가난하게 살아야만 했다.

왜 그래야만 했을까? 알지 못하는 그 차별이라는 것은 무엇인가? 궁금하다.

얼마간 자전거 페달을 밟으니 남원시 아영면사무소이다. 아침밥을 먹으려고 식당을 찾으니 문을 연 식당이 없기에 할 수 없이 마트로 들어가 우유와 빵으로 아침을 대신한다.

그리고 백제와 신라의 격전지였던 아막산성阿莫山城과 〈흥부전〉 배경 마을인 성리를 둘러보기 위해 아영면사무소 사거리에서 좌측으로 핸들을 꺾는다. 백제는 아막성, 신라는 모산성이라고 부르던 아막산성은 전라북도 기념물 제38호이며 성 둘레는 약 633m이다.

그런데 TV 사극의 소재가 될 만큼 백제와 신라가 치열하게 영토 싸움을 벌였던 아막산성은 어느 나라가 쌓은 성일까? 예전에는 이곳에서 그리 멀지 않은 인월 지방이 신라 영토였다니 신라가 변방인 이곳을 지키기 위하여 성을 쌓았을 것이라는 생각이 들기는 하지만 하나의 추측일 뿐이다.

아막산성을 둘러보고 〈흥부전〉 배경 마을인 성리로 향한다. 아막산성에서 흥부마을은 지척이다.

이 마을에는 오래전부터 '춘보설화春甫說話'가 전해져 오고 있는데, 〈흥부전〉과 춘보설화는 가난 끝에 부자가 된 인생 역정, 선덕의 베풀음을 내용으로 한다는 점에서 그 내용이 비슷하다. 성리에는 아직도 〈흥부전〉에 나오는 허기재, 고둔터, 사금모퉁이, 흰죽배미 등의 지명이 마을 곳곳에 남

아 있다.

〈흥부전〉 중에는 놀부가 흥부에게 뺏은 화초장을 지고 다리를 건너다가 화초장 이름을 잊어버리고는 온갖 '장' 자가 붙은 단어를 읊조리며 청중들에게 웃음을 주는 대목이 있다.

그 장소로 추정되는 노디막거리 개울가에서 잠시 쉬며 〈흥보가〉 중 '화초장타령' 한 대목을 환상 속에 듣는다. 중중모리의 날아갈 듯이 경쾌하고 빠른 장단에 맞춰서 지금은 돌아가신 박동진(1916~2003) 명창의 우렁찬 목소리가 들리는 듯하다.

화초장, 화초장, 화초장, 화초장, 화초장 하나를 얻었다
얻었다, 얻었다, 화초장 하나를 얻었다
오늘 걸음은 잘 걸었다
대장부 한 걸음에 화초장 하나를 얻었다
초장화, 초장화, 초장화…
초장화 하나를 얻었다, 초장화 하나를 얻었…
초장장, 장장화, 화화장……
엇다 이것이 무엇인고, 내가 답답하여 못 살겠구나
(이하 생략)

흥부 마을을 둘러보고 복성이재로 자전거 페달을 밟는다. 복성이재로는 751번 지방도로인 봉화산로가 지나간다. 그러나 길 오른편에 서 있는 백두대간 등산로 안내목을 보지 못했다면 그냥 지나칠 뻔한 그저 그런 고개이다.

백두대간 네 번째 고개 복성이재(福星峙/550m)에는 다음과 같은 이야기가 전해진다.

임진왜란 전에 군량미를 관리하는 변도탄이라는 양관糧官이 있었다. 천문 지리에 밝았던 그는 3년 이내에 국가에 큰 전란이 있을 것이라며, 국방을 튼튼히 할 것을 상소했으나 백성을 속이고 세상을 혼란스럽게 한다 하여 삭탈관직 당한다.

어느 날 밤 북두칠성 중 왕별인 복성福星이 유난히도 남쪽으로 빛을 발하고 있어서 변도탄은 복성 별빛이 비치는 곳에 터를 잡고 쌀가루로 움막을 지어 임진왜란 때 군량미로 활용하게 하였다는데, 그곳이 지금의 복성이재란다.

그러나 사전에는 복성을 "목성木星을 민속에서 이르는 말로 길한 별"이라고 풀이하고 있다. 하기야 복성이 북두칠성의 왕별이든 목성이든 간에 전설은 그냥 전설로 이해하면 될 일이다.

다음 목적지는 무릉고개와 논개 마을인 주촌이다. 무릉고개는 백두대간 상의 고개는 아니나, 자전거로 백두대간 고개들을 넘으려면 어쩔 수 없이 거쳐야만 하는 금남호남정맥상의 고개이다. 복성이재에서 무릉고개까지 거리는 22km가량이며, 고도도 926m에 달하니 만만치 않은 여정이다. 그러나 이제 와서 어쩌랴? 가는 데까지는 가 볼 수밖에.

751번 봉화산로를 따라 다운힐도 하고 업힐도 하면서 그렇고 그런 길을 아무 생각 없이 달리다 보니 전북 장수군 번암면이다. 옆으로는 동화호가 아름답다.

동화호 표지석 사진을 찍은 후 평지인지 오르막인지 분간이 되지 않으나, 속도는 나지 않는, 조금 이상한 길을 따라 계속 페달을 밟는다. 이런 길도 계속되니까 힘이 든다. 나는 다시 연체동물이 된다.

지지터널을 지나니 경사도가 눈에 보일 정도로 고도가 높아지기 시작하며 경사도 10% 표지판이 보이기도 한다. 얼마간 페달을 밟다가 도저히 페달을 밟을 수 없어 자전거에서 내린다. 그간 자전거를 타면서 경사도 10% 정도는 조금 힘이 들어도 내린 적은 없었는데, 오름 같지 않아 보이는 오름길이지만 오름이 오랫동안 계속되니 알게 모르게 힘이 빠진 모양이다.

힘들면 내려서 자전거를 끌며 유유자적하는 게 마음 편하다. 얼마간 끌고 오르니 오른쪽으로 주차장이 보인다. 쉴 공간도 있다.

"힘든데 쉴까?"

"정상이 저기 보이는데 힘들어도 참고 그냥 가."

갈등끼리 싸움을 한다. 그러나 쉬기로 하고 응달을 찾아 몸을 누인다. 산들거리는 바람이 흐르던 땀을 식혀 준다. 길가에는 이름 모를 들꽃과 풀들이 바람에 살랑인다. 그러다 바람이 좀 세게 불면 슬며시 바닥에 눕는다.

내 나이 70 중반. 바람이 불면 풀처럼 먼저 눕는 유연함이 세상을 이길 수 있는 내공임을 깨달아야 하는 나이이다. 힘이 들면 쉴 줄도 알아야 하는 나이이다. 쉬기를 참 잘했다.

무릉고개 정상부터는 당연히 내리막이다. 계속 브레이크를 잡으며 속도를 조절한다.

앗! 그런데 무릉고개 인증 사진을 찍지 않았다. 힘들어도 고개 정상까지 올라가 쉬었어야 하는데 주차장에서 쉰 것이 첫 번째 잘못이지만, 요즈음 들어 더욱 심해진 기억력의 깜박거림도 무시는 못할 것이다. 이래서 늙으면 죽어야 한다고 말하는 모양이다. 요즈음 나이 70 중반은 청춘이라던데….

약 5km 정도 다운힐을 하니 오른쪽으로 '논개생가식당' 간판이 보인다. 아침을 빵과 우유로 간단하게 먹었기에 이르지만 점심을 먹으려고 식당으로 들어가면서 보니 바로 옆이 논개 생가 터이다.

이곳 생가 터는 조금 밑에 있는 대곡저수지가 1986년에 만들어지면서 수몰된 주촌 마을 논개 생가 터를 여기에다 새롭게 복원한 것이란다. 논개 생가 터를 먼저 들러 보는 것이 의로운 여인 논개에 대한 예의이겠으나 금강산도 식후경이니 우선 육회비빔밥으로 아침 겸 점심을 먹는다.

아점을 먹고 생가터를 둘러본 후, 관리 사무소 건너편 의자에 앉아 커피를 마시며 400여 년 전 임진왜란 당시에 의로웠던 여인 논개를 생각한다.

아버지가 주씨 성을 가진 주달문이었기에 주논개朱論介가 된 여인. 왜장을 껴안고 진주 남강에 스스로 몸을 던져 붉은 꽃으로 다시 피어난 영원한 조선의 여인 주논개. 논개는 아직도 주촌 마을 사람들의 신이다.

그래서 이 마을 사람들은 400여 년 전 일이 마치 어제의 일 인 양 논개를 이야기하며 그를 흠모한다. 오랜 세월 동안 벼슬아치들의 온갖 억압과 학대에 시달리며 살아오면서도 한 마디 말도 못했던 이 나라 민초들이 논개의 입을 통하여 벼슬아치들에게 무언의 항변을 하는 역사의 현장이 바로 이곳이다.

그를 기리기 위해 마을 이름까지 주촌朱村이 된 신 같은 여인 논개에게 내가 감히 무슨 할 말이 있겠는가? 수주樹州 변영로卞榮魯의 시 〈논개〉한 편으로 마음을 대신하고 육십령으로 자전거 페달을 밟는다.

아! 강낭콩꽃보다도 더 푸른
그 물결 위에
양귀비꽃보다도 더 붉은
그 마음 흘러라

　육십령부터 산군은 지리산 구간을 벗어나 덕유산德裕山(1,614m) 구간으로 들어간다.

　덕유산. 덕이 많고 어머니의 품같이 푸근하고 넉넉한 산이라는 덕유산은 남한 지역에서는 4번째로 높은 산이다. 덕유산은 몸집도 우람하며, 앉음새도 넓고 푸짐해 보이는 산답게 1,000m가 넘는 봉우리를 여럿 거느리고 있다.

　그러다 보니 이름 또한 남북으로 나뉘어져서 덕유산 최고봉인 북쪽의 향적봉香積峰(1,614m) 일대를 북덕유산北德裕山, 육십령 쪽에서 오르는 남쪽 봉우리를 남덕유산南德裕山(1,507m)이라고 부른다. 그리고 남덕유산 서쪽 봉우리인 서봉은 장수 지방 사람들의 애정을 듬뿍 담아서 장수덕유산(1,492m)이라고도 불린다. 내가 지금까지 덕유산 자락으로 스며들어 간 것을 생각하면 50여 번은 실히 될 것이다.

　혼자서 호젓하게 덕유평전 원추리꽃밭을 헤매기도 하고, 여럿이서 시시닥거리며 무주 구천동 길을 따라 향적봉을 오르기도 했다. 때로는 심야 고속버스를 타고 내려가 17km에 달하는 주능을 하루 만에 종주하고 다시 서울로 올라오기도 했으며 카메라를 둘러메고 올라가 사진 찍기 좋은 날을 기다리며 향적봉 밑 대피소에서 막걸리를 벗 삼아 며칠씩 죽치기도 하였다.

　오래전 어느 해 겨울, 불알친구 3명과 함께한 덕유산 종주 산행기에서 추억의 일부를 옮겨 본다.

덕유德裕라? 덕이 많고 너그럽다?

그렇다. 덕유산은 뜻 그대로 어머니처럼 너그러운 산이다. 흔히들 지리산을 우리나라의 모산母山이라 일컬으며, 또 많은 사람들이 그렇게 여긴다. 그렇지만 지리산의 웅장하면서도 아늑함과는 또 다른 맛인 덕유의 너그러움. 이 또한 어머니의 다른 모습일 것이다.

덕유산 주봉主峰 향적봉(1,614m)을 오르면 동쪽과 남쪽으로 시원하게 산군山群들이 펼쳐진다. 남쪽으로 보이는 산군 맨 뒤로는 동서로 길게 누워 있는 지리산도 보인다. 그 앞쪽으로는 덕유산의 남쪽 끝자락인 남덕유산南德裕山과 서봉西峰이 어깨를 나란히 하고 서 있다.

눈을 앞으로 zoom in하면 삿갓봉, 무룡산, 백암봉이 차례로 들어오며 넓게 펼쳐진 덕유평전 앞으로는 중봉中峰이 우뚝하다. 덕유산은 주능의 길이만도 장장 17km이다. 산이라기보다는 산맥이라는 표현이 더 적절할 것 같은 산이다.

고개를 우측으로 돌리니 저 멀리 포근해 보이는 산자락 품에 고만고만한 집들이 아늑하다. 그 고즈넉함이 너무 좋다. 과연 덕유산은 어머니이다.

(이하 생략)

   논개 생가 터 주촌에서 육십령 정상까지는 대략 10km가량이다. 그러나 가끔 11% 정도의 오르막도 나오니 나는 어쩔 수 없이 자전거에서 내린다. 이것은 '자전거 타고 백두대간 넘기'가 아니라 '자전거 끌고 백두대간 넘기'이다.

 그래도 흐느적거리다 보니 **백두대간 다섯 번째 고개 육십령**六十嶺(734m) 정상이다.

 '여기는 육십령 정상입니다(해발 698m)'라고 국토교통부 남원국토관리사무소에서 높다랗게 세운 표지판이 반갑다. 그런데 내가 조사한 《한국민족문화백과사전》에는 육십령 높이가 734m로 나오는데, 어느 것이 맞는 것인지? 이러한 사소한 것들까지도 서로 다르다고 신경 쓰며 투덜거리는 내가 잘못된 건가?

《산경표》와 《대동여지도》에는 육십령이 육십치六十峙라고 기록돼 있다. 동쪽의 경상남도 함양군 서상면과 서쪽의 전라북도 장수군 장계면을 잇는 고개로, 전라북도 동부 지역과 경상남도의 북부 지역을 연결하는 교통의 요지이다.

육십령은 명칭 유래에 대하여서도 이야기가 많은 곳이다. 동쪽의 안의감영과 서쪽의 장수감영에서 육십령까지 거리가 똑같이 60리이기 때문에 붙여진 이름이라는 이야기와, 고갯길에 굽이가 많아서 60번은 돌아야 넘을 수 있기에 육십령이라고 불린다는 이야기가 있다.

그러나 육십령에 도둑들이 많아서 60명이 모여서 고개를 넘어야 무사하게 넘을 수 있기에 붙여진 이름이라는 이야기가 내 마음에 제일 와 닿는다. 도둑이라는 말에서는 찐한 민초들의 애환이 묻어나기 때문이다.

도둑의 사전적 정의는 '남의 물건을 훔치거나 빼앗는 따위의 나쁜 짓, 또는 그런 짓을 하는 사람'이라고 설명하고 있지만, 오죽했으면 남의 물건을 훔치고 빼앗는 나쁜 짓을 해서라도 목구멍에 풀칠을 하려고 하였을까? 배고프다고 찡얼거리는 어린 자식들의 눈물 어린 얼굴을 어찌 보고만 있을 수 있었겠는가? '목구멍이 포도청이다'라거나 '사흘 굶어 남의 집 담장 뛰어넘지 않을 사람 없다'는 속담이 괜히 생겨난 것은 아닐 것이다.

그런데 여의도 근처에는 대낮에도 활개 치며 오히려 큰소리 떵떵 치는 도둑이 있다던데, 그들은 무슨 도둑인 건가?

인증 사진을 찍고 경남 함양군 서상면으로 다운힐을 한다. 서상에 들어오니 지금은 이름도 가물가물한 개인택시 기사 한 분이 생각난다. 덕유산 종주를 하고 이곳 영각사 쪽으로 내려와 버스가 끊겨 연락을 하면 늦은 시각일지라도 언제나 흔쾌히 와 주시던 그 기사분.

한번은 고등학교 동창이랑 둘이서 덕유산 종주를 하다가 삿갓재대피소 부근에서 폭설을 만나 거창군 황점 쪽으로 탈출한 적이 있다. 그러나 눈이 많이 와서 버스도 들어오지 못하고 잘 곳도 마땅하지 않아 고민을 하며 막걸리 잔을 기울이다가, 혹시나 하고 그 기사분한테 전화를 하니 힘들지만 들어오겠단다.

덕분에 서상에서 고속버스를 타고 서울로 올라오는데 모시고 있던 장모가 위독하다는 집사람 전화가 왔다. 그 기사분이 아니었으면 장모님 임종도 못 지킨 못난 사위가 되어 집사람 눈총을 엄청 받았을 것이다.

다음 목적지는 빼재이다.

빼재 가는 길을 확인하기 위해 카카오맵을 켜고 빼재를 목적지로 찍으니 50여 km 거리에 4시간도 더 걸리는 이상한 길로 안내를 한다. 이것은 아닌데, 뭐가 잘못된 건가? 길 떠나기 전에 조사한 자료를 다시 찾아보니 육십령 정상에서 서상으로 내려오지 말고 장수 쪽으로 잠시 내려가 좌측에 있는 37번 도로 덕유월성로로 가야 했다.

어쩔 수 없이 조사한 자료에 나오는 지명, 거창군 북상면을 목적지로 찍고 다시 검색하니 이곳에서 북상초등학교를 거쳐 신기교차로 쪽으로 가면 사전事前에 조사한 길과 만난다. 잘 알지도 못하는 초행길을 혼자 갈 때는 덤벙거리고 서두르면 안 된다는 교훈을 새삼 깨닫는다.

서상에서 빼재 가는 길옆으로는 물줄기 하나가 사라졌다, 나타나기를 반복하면서 나와 반대 방향으로 흐른다. 무슨 물줄기일까? 자전거에서 내려 검색해 보니 남강南江이다. 남강이라니? 진주를 흐르는 남강과 같은 물줄기라는 말인가?

남덕유산에서 발원한 남계천灆溪川이 지우천知雨川, 위천渭川, 단계천丹溪川 등의 지류를 받아들여 같이 흐르다가 진주 진양호에서 덕천강을 만나 남강댐을 거친 후 창녕군 남지읍에서 낙동강과 합치는 남강 상류가 맞다.

저 물은 남덕유산에서 저 멀리 진주까지 흘러가며 얼마나 힘든 일이 많을까? 그러나 물은 힘든 일이 없단다. 아래로 아래로 흘러가기만 하면 된단다. 흐르다가 이 물, 저 물이 섞여도 좋단다. 낄낄거리며 서로의 고향 이야기도 하고, 세상 밑바닥 이야기도 하며 흘러가다가 바위를 만나면 슬쩍 피해 가고, 댐이 막아서면 잠시 멈춰서 쉬면 된단다.

갑자기 노자老子의 말이 가슴을 때린다. 상선약수上善若水.

가장 훌륭한 것은 물처럼 되는 것입니다(上善若水).
물은 온갖 것을 위해 섬길 뿐, 그것들과 겨루는 일이 없고(水善利萬物而不爭).
모두가 싫어하는 낮은 곳을 향하여 흐를 뿐입니다(處衆人之所惡).
그렇기에 물은 도에 가장 가까운 것입니다(故幾於道).

빼재를 거의 다 오르니 도로 공사가 한창이다. 어쩔 수 없다는 핑계를 대며 슬며시 자전거에서 내려 잠시 자전거를 끌다 보니 어느새 빼재이다.

백두대간 여섯 번째 고개 빼재 (930m)는 경남 거창군 고제면과 전북 무풍군을 잇는 고개로 37번 국도가 지난다.

산으로 오르는 길옆에 있는 정자에 앉아 숨을 고르며 16년 전 백두대간을 하면서 여기로 하산했을 때 추억이 있던 휴게소를 찾는다. 그러나 휴게소는 보이지를 않고 그 자리에는 백두대간 생태 교육장이 자리를 잡고 있다.

없어진 휴게소는 덕유산 동엽령부터 계속 비를 맞으며 이리로 내려왔을 때, 그곳에서 옷을 갈아입고서 마셨던 막걸리 맛이 진하게 남아 있는 곳이다. 그때 산행기 일부를 옮겨 본다.

백두대간은 남덕유산(1,507m)과 무룡산(1,491m)를 곧추세워 놓고 북진하다가 백암봉(1,503m)에서 덕유산 최고봉인 향적봉(1,614m)으로 직진을 하지 않고 빼재를 향하여 오른쪽으로 방향을 튼다.

그런데 빼재로 내려서기 전까지 고만고만한 고개들이 참 많다. 저 고개만 넘으면 빼재겠지, 하고 넘으면 앞으로 고개가 또 보인다. 동엽령 전부터 비를 맞았기에 옷이 다 젖어 오들오들 떨면서 걸어야 하는 나에게는 오직 오늘 종착지인 빼재만 머릿속에 있을 뿐인데 빼재는 영 나타나지를 않는다.

그나마 위안이 되는 것은 시나브로 날이 개며 보이는 주위 경관의 아름다움이다. 특히, 투구봉 갈림길 사이에서 조망은 가히 장관이다. 왼쪽으로는 덕유산 맏형인 향적봉이 손에 잡힐 듯 가깝고, 고개를 뒤로 돌리면, 길게 쭉 늘어선 지리산 연봉들은 언제 보아도 웅장하다.

오른쪽으로 멀리 보이는 가야산은 탑을 쌓아 놓은 것 같은 모습으로 층층이 산을 이루며 솟아 있는데 과연 팔만대장경을 간직한 해인사를 품고 있을 만한 위엄과 기품이 있다.

몸에 진을 거의 다 뺀 다음에 나타난 빼재. 그리고 건너편으로 보이는 천막 지붕의 간이 휴게소.

오들오들 떨며 휴게소에 들어가니 그곳에는 나의 영원한 주(酒)님인 막걸리가 계시다. 오! *酒*님이시여….

(이하 생략)

  빼재 또한 고개에 깃든 이야기가 없을 리 없다.

  빼재가 옛날 삼국 시대에는 신라와 백제의 접경 지역으로 수많은 싸움이 있었던 곳이다. 그때 죽은 사람들의 뼈가 수북이 쌓여서 뼈재로 불리다가 경상도 사투리로는 뼈가 빼로 발음되기에 빼재가 됐단다.

  같은 뼈 이야기이지만 조선 시대에 들어와서는 사람 뼈가 짐승 뼈로 바뀐다. 임진왜란 당시 이곳에서 왜구와 치열한 싸움이 벌어졌는데, 그때 먹을 것이 없어서 잡아먹은 산짐승의 뼈가 쌓이고 또 쌓여 빼재가 됐다는 이야기이다.

또 한문으로는 수령秀嶺이라고도 한다. 뼈의 경상도 사투리 뻬에서 나온 빼재가 아니라 경관이 빼어난 고개라는 의미로 빼재라고 불리다가 이를 한자로 표기할 때 '빼어날 수秀'를 써서 수령秀嶺이 됐단다. 신풍령新風嶺이라는 이름도 있다. 빼재에 포장도로가 놓이고 신풍령이라는 휴게소가 생기면서 불리게 됐다는데, 추풍령의 대칭 개념으로 만들어진 이름이란다.

그런데, 3가지나 되는 이름 중에 이 고개의 공식 이름은 무엇인가? 국토지리정보원 지도에는 수령秀嶺으로 표기되어 있는데, 사람에 따라서 빼재, 신풍령, 수령 등으로 제각기 불리는 것에 대하여 정부 당국은 어떻게 생각하고 있는지 궁금해진다. 국가의 큰일만 신경 쓰시느라고 지방의 하찮은 고개 따위에는 관심이 없으신 건가? 그러나 모든 큰 사고의 발단은 작은 일이 원인이 되는 것이거늘.

애마야 그만 가자꾸나. 다음 고개는 소사고개이지?

표지석 있는 곳에서 100m가량 자전거를 타고 올라가 생태 이동 통로를 지나니 길은 빼재로에서 구천동로로 바뀌며 내리막이 시작된다. 속도를 조절하며 계속 다운힐 하다가 삼거삼거리에서 우회전을 한다. 길은 오두재로로 바뀌는데, 여기에서 잠시 페달을 밟다가 좌측으로 보이는 길로 핸들을 틀면 오두재 오르는 길이다.

처음에는 오두재도 오를 생각이었다. 그러나 오두재는 나름 자전거를 잘 타는 사람들도 고개를 흔드는 엄청 힘든 고개이고, 백두대간상의 고개도 아닌데 굳이 힘들게 올라갈 필요가 없을 것 같기에 그냥 직진을 한다.

잠시 페달을 밟으니 덕지삼기터널이다. 터널 통과는 눈 나쁜 나에게는 언제나 공포다. 후미등도 2개를 켜고 전조등도 밝힌다. 그나마 지나가는 차량이 한 대도 없어 다행이다.

길도 심은로로 바뀌었다. 덕동마을 쪽으로 핸들을 꺾으니 내려가는 길 경사로가 장난이 아니며 길도 다시 오두로로 바뀐다. 오두재 정상에서 내려오는 길이다. 얼떨결에 조금이나마 오두재 맛을 본 것이다. 그나저나 이런 엄청난 경사도를 어찌 자전거를 타고 오르내리나?

안실삼거리를 지나 방곡교를 건너서부터는 대덕산로로 길이 바뀐다. 하늘땅 정보화 마을도 지나고 얼마간 흐느적거리니 갑자기 앞쪽으로는 생태 이동 통로가 보인다.

자전거에서 내리니 소사마을 표지석도 있다. 소사고개이다.

백두대간 일곱 번째 고개인 소사고개(670m)는 전북 무주군 무풍면과 경북 거창군 고제면을 잇는 고개로 1089번 지방 도로가 지난다.

소사고개가 품고 있는 소사마을은 예전에는 전라도 사람들과 경상도 사람들이 서로 등을 긁어 주며 정을 나누고 살았다는 마을이다. 정겨운 소사마을을 품은 소사고개는 잔모래(少沙)가 많아서 붙여진 이름이란다.

소사고개에 있는 탑선슈퍼는 백두대간을 종주하는 사람들이 숙소로 이용하기도 하고, 잠시 쉬면서 막걸리도 한잔하고, 숨을 고르기도 하는 곳이다. 나도 이곳에서 같이 대간을 하던 사람들과 막걸리를 나누며 낄낄거리던 추억이 있기에 주인아주머니에게 2003년에도 계셨냐고 물으니 이곳으로 시집온 지 30년이 됐단다.

시계도 오후 4시를 넘어가고 있기에 오늘의 둥지는 탑선슈퍼에다 틀기로 하고 아주머니에게 음료수 한 캔을 권하며 나도 한 캔 마신다.

탑선슈퍼 앞쪽으로 보이는 백두대간 등산로를 따라 약 20~30분 정도만 오르면 초점산草占山(1,249m)이다. 초점산은 전북 무주, 경북 김천, 경남 거창의 삼도를 가른다 하여 삼도봉三道峰이라 불리기도 한다. 우리나라에는 이곳 초점산 삼도봉 이외에 두 개의 삼도봉이 더 있다.

두 번째 삼도봉은 지리산 반야봉 근처에 있는 전북 남원, 전남 구례, 경남 하동을 나누는 삼도봉(1,550m)으로 원래 이름은 정상의 바위 봉우리가 낫의 날을 닮았다 하여 낫날봉이다.

그러다가 날라리봉, 닐리리봉 등으로 변형돼 불리었고, 1998년 10월에 국립공원관리공단에서 봉우리 위에다 삼도의 이름을 새긴 삼각뿔 형태의 황동 표지판을 세웠는데, 그 후부터 삼도봉으로 불리기 시작했다. 아마도 날나리, 닐리리의 어감이 국립공원관리공단 높으신 분의 미움을 받은 모양이다. 애꿎게 이름만 날벼락 맞았다.

나머지 세 번째 삼도봉은 곧 내가 곧 넘어야 할 고개 부항령에서 백두대간 산길을 따라 4시간가량 발품을 팔면 다다르는 백두대간과 민주지산이 갈라지는 삼거리에 있다. 흔히들 민주지산 삼도봉(1,177m)이라고 부르는 이곳 삼도봉은 전북 무주, 경북 김천, 충북 영동의 각기 다른 삼도가 만나기에 오리지널 삼도봉이라 부르기도 한다.

경상도, 전라도, 충청도 삼도가 만나는 이 삼도봉(1,177m)에는 '삼도봉 대화합 기념탑'이라는 산과는 어울리지 않는 커다란 조형물이 서 있다. 내가 백두대간을 종주할 때도 보았던, 산에는 어울리지도 않게 흉물스러워 보이는 조형물을 이곳에 세운 이유가 무엇일까?

각각의 도들이 만나는 경계에 화합 기념탑이라는 돌조각을 세워 놓으면 각 도민들의 지역감정이 없어지고 서로 화합하게 될까?

옛날에 각 지역 경계에 있는 고개들은 그 지역 주민들이 이웃처럼 스스럼없이 만나서 물물 교환을 하고 정도 나누던 자연스런 화합의 장소였다.

지리산 천왕봉 바로 밑에 있는 고개 장터목은 그 이름처럼 경상도 주민들과 전라도 주민들이 장을 개설하고 물물교환을 하면서 막걸리 잔을 나누고 정까지 나누던 대표적 고개라 할 수 있다. 조영남이 신나는 목소리로 부르는 노래 〈화개장터〉의 원조라고 할 수 있는 지리산 삼도봉 밑 화개재도 마찬가지이다.

그러면 망국병이라는 말까지 듣는 지역감정은 과연 언제 어디에서 유래한 것일까? 혹자는 박정희 정권 때 국회의장을 지낸 이효상을 끌어다 대기도 하고 좀 유식한 체하는 사람들은 저 멀리 고려 태조 왕건의 훈요십조訓要十條를 들먹거리기도 하지만 내일 모레면 저세상으로 갈 늙은이가 신경 쓰기에는 너무 복잡한 사안 같다.

이른 저녁이나 한 끼 얻어먹고 일찌감치 쓰러져 자자.

새벽에 오줌을 누러 밖으로 나온다. 이 집 화장실은 전형적인 옛날 시골풍 재래식인데 거리도 조금 떨어져 있기에 적당한 곳에서 바지춤을 내린다. 오줌을 누며 하늘을 바라보니 희미하게 북두칠성이 보인다.

일기 예보는 오늘 오전에 비가 오다 오후에 갬이라고 했는데, 지금 시각에 비가 오지 않고 웬 별? 그러나 별을 잊고 산 지가 얼마나 됐는지 기억조차 없는 나에게는 희미한 모습의 북두칠성이지만 반갑기만 하다.

오래전, 설악산에서 하산하여 인제 한계리에 사는 후배 황토 집 마당에서 막걸리를 마시다가 오늘같이 오줌을 누러 슬쩍 마당 뒤쪽으로 돌아가 바지춤을 내린 적이 있다. 그때 바라보았던 선명하면서도 찬란하게 빛나던 북두칠성이 떠오른다.

손을 내밀면 기다란 국자 자루가 손에 잡힐 것같이 가깝게 보이던 그때의 북두칠성. 그 국자 자루를 두 손으로 꽉 움켜잡고 막걸리를 하나 가득 퍼 담아 벌떡벌떡 마셨으면….

03

세 번째 길
33km 2시간 38분

소사고개 탑선슈퍼 – 덕산재 – 나제통문 – 설천버스정류소 – 동서울터미널

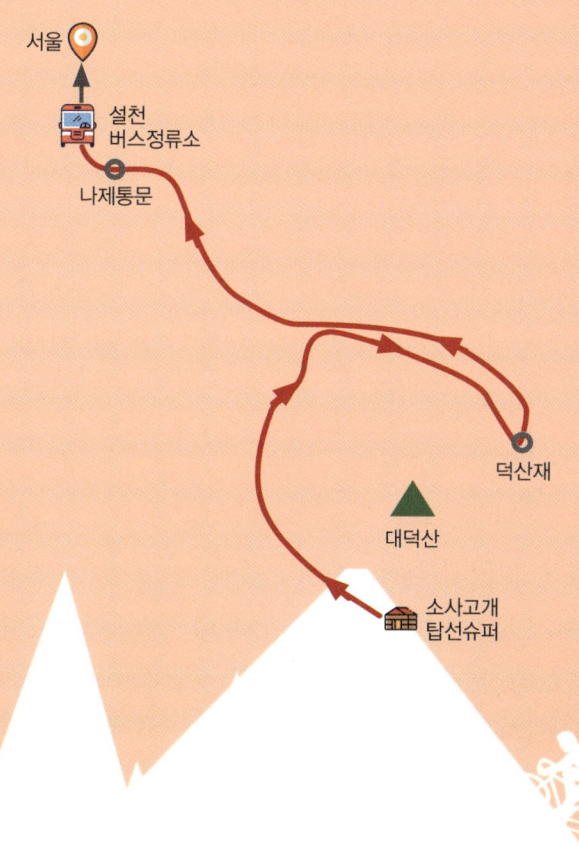

다음날 아침 6시에 탑선슈퍼를 나와 덕산재로 향한다.

소사고개에서 덕산재까지는 16km가량이다. 덕산재 가는 길은 내가 어제 좌회전을 한 안실삼거리에서 그냥 직진하여 대덕산로를 계속 따르면 되는데 무풍사거리까지 10km가량은 거의 내리막이다.

내려가는 길가 양편으로 서 있는 벚나무의 벚꽃은 이제야 지기 시작한다. 꽃비가 내리면서 바람에 흩날리는 모습이 왠지 쓸쓸하고 애잔해 보인다. 아마도 지금 내 마음이 쓸쓸한 까닭이리라.

길은 계속 잔잔한 내리막이다. 어제 소사고개를 오를 때 경사도가 그리 세지는 않았으나 중간에 내리고 싶을 정도로 힘이 들었었다. 지금 생각하니 업힐 거리가 길었기 때문임을 느끼며 계속 브레이크를 잡아 속력을 조절한다. 무풍사거리에서 자전거 핸들을 우측 무풍터널 방향으로 꺾는다. 터널을 나가니 길은 오르막으로 바뀐다. 1시간가량 흐느적거리니 앞으로 생태 이동 통로가 보인다. 덕산재이다.

백두대간 여덟 번째 고개 덕산재德山岾 (644m)는 경북 김천시 대덕면 덕산리와 전북 무주군 무풍면 금평리를 잇는 고개로, 30번 국도가 지난다. 국토교통부 남원국토관리사무소에서 세운 안내판에는 대덕재로 표시돼 있다.

내가 출발 전에 자료를 조사할 때에는 덕산재라고 표기된 커다란 표지석도 있었는데, 내 눈에는 보이지 않고 십승지 무풍이라는 커다란 표지판이 먼저 보인다.

《정감록》에는 난을 피해 살기 좋은 10개의 길한 땅인 십승지十勝地가 있다고 했는데 덕산재를 품고 있는 무풍 땅도 그중 한 곳이다. 무풍이 지금이야 이리저리 길도 뚫리고 터널도 생겨서 첩첩산중의 의미가 퇴색됐지만 옛날에는 모두 산으로 둘러싸여 있었으니 난을 피하기는 좋았겠다.

그러나 과연 무엇을 먹고 살아야 했을까? 도시에서만 평생을 살아온 나에게는 의문이 아닐 수 없다.

조선시대 후기에 형성된 십승지 배경에는 그 당시 정치, 사회적 혼란에 따른 민초들의 팍팍한 삶과 그에 따른 이상향적 담론이 담겨 있다. 1811년(순조 11년) 홍경래가 주동이 된 평안도농민항쟁, 1862년(철종 13년) 진주농민봉기, 1894년(고종 31년) 동학농민운동 등은 모두 지배 계층의 가혹한 수탈收奪이 원인이다.

공자도 "가렴주구는 호랑이보다도 무섭다(苛斂誅求, 茄政猛於虎)"고 했다. '세금을 가혹하게 거두어들이고 무리하게 재물을 빼앗는다'는 뜻의 가렴주구는 당나라 정사 중 하나인 《구당서舊唐書》에 나오는 말이다. 그 내용을 잠시 옮겨 본다.

공자가 제자들과 태산泰山 기슭을 지나가고 있을 때였다. 어떤 여인이 3개의 무덤 앞에서 구슬프게 울고 있었다. 이 울음소리를 듣고 있던 공자는 제자 자로子路에게 그 까닭을 물어보라고 했다. 자로가 여인에게 이유를 묻자 그녀는 더욱 흐느껴 울며 이렇게 말했다.
"옛적에 시아버지와 남편이 호랑이에게 당했는데, 이제 내 아들이 또 그것에게 죽었습니다."
그런데 어째서 이곳을 떠나지 않았느냐고 물으니, "이곳은 세금을 혹독하게 징수하거나 부역을 강요하는 일이 없습니다"라고 말한다.
공자는 이를 보고 제자들에게 이렇게 말했다.
"가혹한 정치는 호랑이보다 더 무서운 것이니라(苛政猛於虎)."

지배 계층의 가혹한 수탈에 시달리던 민초들은 결국 죽기 아니면 살기로 항거할 수밖에 없었을 것이다. 그러나 끝내는 패할 수밖에 없었던 그들이 가야 할 곳은 과연 어디였을까? 산속밖에는 없다. 그래서 누구는 산적이 되고, 누구는 화전민이 됐다. 그렇게 좀 더 나은 미래의 삶을 꿈꾸며 힘든 삶을 이어 갔다. 그때, 그들이 꿈꾸던 이상향이 바로 십승지다. 십승지 이야기는 뒤에 청화산을 말할 때 다시 하기로 하자.

덕산재는 주치령走峙嶺 또는 주티령이라고도 불렸다. 옛날 이 덕산재에는 산적이 자주 출몰했는데, 만약 산적이 나타나면 고개 아랫마을로 빨리 달려와야 살 수 있다고 하여 붙은 이름이 주치령, 주티령이란다. 덕산재에는 1,290m 높이의 대덕산大德山이 자리 잡고 있으니 그럴 수도 있겠다.

옛날에는 대덕산이 다락산多樂山 또는 다악산多惡山이라고도 불렸다는데, 큰 덕을 갖고 있는 산이 즐거움이 많은 산과 악함이 많은 산으로 동시에 불리었다? 하기야 큰 덕(大德) 스스로는 즐거움과 슬픔도 없고, 선함과 악함도 없는 것이다.

삼라만상 모든 것들은 태어날 때 그 모습으로 언제나 제자리에 가만히 있는 것이거늘, 인간이라는 족속들이 쓸데없이 찧고 까불어 이런저런 허상을 만들어 놓은 것이다. 그러니 즐겁다고 좋아할 일도 아니며 악하다고 멀리할 것도 아니다.

커다란 표지석은 끝내 찾지 못하고 대덕산 등산로 표지목과 생태 이동 통로를 인증 사진으로 남기고 잠시 쉬는데 집사람한테 전화가 온다. "잘 가고 있느냐고, 무리하지 말라고…."

꽃다운 나이에, 나이 많고 술 또한 고래인 남자에게 시집와 속깨나 썩으면서도 50년 가까이 잘 참으며 살아 준 집사람이 고맙다. 그 고마움을 어찌 말로써 표현할 수 있으리오.

미당 서정주가 말년에 아내에게 사랑을 에둘러 표현한 〈내 늙은 아내〉라는 시 한 수로 대신하고 싶으나 그것은 저작권법상 안 된단다. 할 수 없이 농지거리 하나를 스스로 지어 집사람에게 보낸다.

여보! 미안하우. 그냥 심심풀이로 읽어 보시구려.

여보!
사랑하우, 왜 그리 예쁘슈?

여보!
항상 나하고 같이 다녀야 돼

남자는 혼자 다니면
참 쓸쓸해 보이고 안돼 보여

만약에 당신이 지옥을 가더라도
나는 당신을 따라갈 거유

 다음 고개는 부항령이다. 부항령 가는 길은 소사고개에서 덕산재 오를 때와 마찬가지로 올라왔던 길로 다시 내려가야 한다.
 브레이크를 계속 잡으며 한동안 내려와 무풍터널 못미처에서 설천, 무주 방면 길을 따라 우회전을 한다. 잠시 페달을 밟으니 오른쪽으로 부항령 오르는 길이 보인다. 그런데 슬며시 마음의 갈등이 생긴다.
 사실 어제부터 날씨가 계속 싸늘해서 그런지, 업힐 할 때 땀이 나서 젖었던 옷이 다운힐 하면서는 식으니, 오한이 슬슬 나는 것이 몸 상태가 별로 좋지는 않았다. 더군다나 오늘은 찬바람을 맞으며 오랫동안 다운힐을 했더니, 덕산재 오르며 땀으로 젖은 속옷의 한기가 몸을 심하게 떨게 하며 몸살이라도 날 것 같은 느낌이다. 부항령을 오르면 추풍령까지는 가야 서울 올라가는 차편이 용이한데 지금 몸 상태로는 추풍령까지 간다는 게 자신이 없다.

어쩔 수 없이 우회전을 포기하고 과감하게 직진하여 무주군 설천 방향으로 페달을 밟는다. 무풍면 소재지에 들어오니 문을 연 돼지국밥집이 보이나 눈길 한 번 주고 계속 페달을 밟는다. 설천버스정류소에서 대전복합터미널로 가는 버스가 8시 40분에 출발하는데 부지런히 가면 탈 수 있기 때문이다.

시간을 맞추려고 열심히 페달을 밟다 보니 앞으로 나제통문(羅濟通門)이 보인다. 이곳에서 설천버스정류소는 지척이다.

나제통문은 전북 무주군 설천면에 있는 석모산 절벽을 뚫어 만든 높이 3m, 길이 10m의 인공 동굴이다. 삼국 시대에는 통문을 중심으로 동쪽인 무풍은 신라 땅이고 서쪽 설천은 백제 땅이었으며 양국의 격전지였다고 이야기들 한다. 그래서 무풍과 설천은 같은 전북 무주군 관내이지만 지금도 언어와 풍습은 서로 다르단다.

그러나 이것은 반은 맞고 반은 틀린 말이다. 나제통문은 삼국 시대에 만들어진 것이 아니기 때문이다. 그곳 원주민들 이야기에 의하면 이 통문은 일제 강점기인 1925년에 일제가 충북 영동에 있던 용화금광을 개발하여 금을 수탈할 목적으로 김천과 거창을 잇는 길을 새로 만들며 뚫은 것이란다.

그 당시에는 굴 이름도 나제통문이 아니고 기미니굴이었다. 그런데 1963년에 이곳 무주 일대를 관광지화하면서 기미니굴을 무주 구천동 33경 중 제1경으로 정하며 붙인 이름이 나제통문이다.

나제통문 사진을 찍으며 통문 위를 쳐다보니 통문 벽 한편에 '庚子年十月 日'이라는 조그만 새김돌이 박혀 있다.

1920년대 경자년은 1924년인데 기미니굴을 1924년에 뚫은 것을 그 당시 주민들이 1925년으로 착각하고 있는 것은 아닐까? 아니면 경자년인 1924년에 공사를 시작하여 1925년에 개통한 것인지도 모르는 일이긴 하다.

사진을 찍고 나서 안내판을 읽어 본다. 안내판에는 '나제통문 병졸 귀신' 이야기 등 거의 허구성 이야기들이 가득 쓰여 있다. 내가 안내판들을 둘러볼 때는 '설천 파리소 안내판'은 보지 못했다. 그러나 통문 앞을 흐르는 설천 가에 있다는 파리소(蠅沼)도 신라와 백제가 이곳에서 싸움을 벌이다가 죽은 병사들 시체 위로 파리가 들끓어서 파리소라고 부르게 됐으며, 승소 蠅沼라고 새겨진 바위도 설천 가에 있다고 이야기한다.

그러나 《땅의 역사》를 쓴 박종인은 그의 책 제1권 4장 4편 '무주 제1경 나제통문의 비밀' 편에서, 파리소 이야기는 사실이 아니라고 말한다.

그는 글씨가 새겨져 있는 설천 가 바위도 파리가 들끓는 '파리 승, 못 소'의 승소蠅沼가 아니고 학이 노니는 학담鶴潭이란다. 그래서 나도 글씨가 새겨진 바위의 실제 여부를 확인하려고 설천으로 내려가 물가 바위들을 여기저기 훑어보았다. 하지만 걷기에 불편한 자전거 신발을 신었고 눈 또한 밝지 못한 나이기에 바위는 찾지 못하고 버스 시간에 쫓겨 자전거에 오를 수밖에 없었다.

박종인은 조선일보 기자로서, TV조선에서 〈땅의 역사〉라는 책과 같은 제목으로 기록되지 않은 역사, 잘못 기록된 역사를 땅에 남은 흔적을 통해 확인하는 프로그램을 진행하기도 했다.

햇빛에 바래면 역사가 되고, 달빛에 물들면 신화가 된다
(褪於日光則爲歷史, 染於月色則爲神話).

지금은 고인이 된 이병주 대하소설 《산하》 서문에 나오는 말이다. 햇빛에 바랜 역사보다는 달빛에 물든 은은한 색깔의 신화가 더욱더 사람들 감

성을 자극할 수 있기에 사람들은 역사적인 사실조차도 그럴듯한 옷을 입힌 이야기들로 신화를 만들곤 한다. 더 나아가서는 실제가 아닌 허구조차도 사실화하여 이야깃거리를 만들어 내는 것을 나는 종종 보아 왔다.

갑자기 오래전에 동네 친구가 내게 말했던 이야기가 떠오른다. 그 친구가 얼토당토아니한 이야기를 하기에 내가 그렇지 않다고 설명해 주며 "너 그 이야기 어디에서 들었어?" 하고 물으니, 텔레비전 역사 드라마에 나오는 것을 보았다며, 텔레비전에 나온 역사 이야기이니 사실이라고 우기니 나는 그만 입을 다물 수밖에 없었다.

드라마 내용도 사실이라고 우기는 그 친구에게 무슨 할 말이 있겠는가? 그러나 매스컴에 나오면 무엇이든 사실이라고 생각하는 사람이 과연 그 친구 한 명뿐일까? 나도 얼마 전 텔레비전 프로그램에서 보았던 나름대로 유명하다는 역사 강사의 이야기를 해 봐야겠다.

3.1운동 100주년을 앞둔 올해 2월 어느 날, 그는 텔레비전 예능 프로그램에 나와서 1,000년이 넘도록 잘 보존되어 왔던 석굴암을 일제가 1912년에 보수 공사를 핑계로 일부러 시멘트와 콘크리트를 처발라 훼손시켰다며, 그것은 명명백백한 일제(日帝)의 만행이라고 비난하고 있었다.

1912년 당시에 일제가 석굴암 보수 공사를 한 것은 사실이다. 그러나 과연 석굴암을 훼손시킬 목적으로 시멘트와 콘크리트를 발랐던 것일까?

조선 후기 이후 잠시 잊혀져 있던 석굴암을 다시 발견한 것은 일제 강점기 직전인 1909년 경주의 한 우편집배원에 의해서였다. 발견 당시 석굴암은 천장 3분의 1 이상이 무너져 있어서 방치할 경우 불상들이 파손될 위험도 있기에 일제는 1912부터 1923년까지 세 차례에 걸쳐서 시멘트와 콘크리트를 사용하여 석굴암을 전면적으로 보수했다.

보수를 하기 전에 이토 히로부미에 이어 일제 2대 통감으로 온 소네 아라스께가 석굴암을 돌아본 후 11면 관음보살 앞에 있던 작은 탑 하나가 없어졌다는 이야기도 있으며 또, 보수 과정에서 일본의 많은 야욕들이 엿보이기는 했다.

그러나 1912년 당시라면 일제는 나름 최신 공법을 사용하여 보수를 한 것이 아니었을까? 물론 석굴 밑으로 흐르던 암반수의 역할을 미처 깨닫지 못하고 배수관을 만들어 물을 밖으로 빼낸 우를 범하기도 했지만….

나는 그 당시 있었던 일제의 많은 만행과 야욕을 옹호할 뜻은 추호도 없다. 그럴 이유도 없고 그래서도 안 된다. 다만 모든 역사적 사실들이, 있었던 사실 그대로 알려지고 후세에 올바르게 전해지기만을 바랄 뿐이다.

사실이 아닌 이야기들일지라도 사람들 입으로 전해지고 또 이야깃거리가 돼서 훗날 많은 사람들이 그렇다고 믿으면 결국은 역사가 되는 것 아니겠는가. 더군다나 그것이 유명 역사 강사 이야기이거나 지자체 또는 공인단체의 안내판이라면 어떻게 될까? 그 단적인 예 하나를 우리는 지금 나제통문에서 보고 있다.

그러나 문화재청장을 지냈던 유홍준도 그의 저서 《나의 문화유산답사기 2》에서 그 당시 석굴암 보수 과정에서 일제의 만행이 있었다고 예를 들어가며 점잖게 규탄하고 있으니 무지렁이 늙은이는 그만 입 다물어야겠다.

나제통문에서 좌측 길로 오르면 학소대, 추월담, 수경대, 인월담 등을 거쳐 무주 구천동 마지막 33경인 덕유산 향적봉 오르는 길이고, 설천버스정류장은 우회전해서 잠시 내려가면 된다. 부지런히 페달을 밟아 설천버스정류소에 오니 시간 맞춰서 대전복합터미널 가는 직행버스가 들어오기에 자전거를 화물칸에 싣고 버스에 오른다.

　대전복합터미널에 오니 9시 30분. 올갱이해장국으로 늦은 아침을 먹고 동서울터미널 가는 10시 30분발 고속버스를 타고 집에 오니 오후 1시이다. 샤워를 하려고 화장실로 들어가는 나에게 집사람이 한마디 한다.

　"며칠 있다가 온다더니 왜 이렇게 빨리 와. 집에 없으니 편하고 좋기만 하구만."

　"아침부터 왜 전화를 해서 마음을 뒤숭숭하게 만들어."

　내 첫 번째 백두대간 고개 넘기는 이렇게 끝났다.

04

네 번째 길
79km 6시간 25분

동서울터미널 – 무주공용버스터미널 – 부항령 – 안간재 – 우두령 – 괘방령 – 추풍령 – 에덴파크 1박

2019년 5월 14일 화요일 새벽.

지난번에 오르기를 포기했던 부항령을 오르기 위해 동서울터미널로 자전거 페달을 밟는다. 부항령을 오르기 위해서는 무주로 가야 하는데, 무주로 직접 가는 버스는 남부터미널에만 있다.

그러나 이른 새벽에 자전거를 타고 남부터미널까지 가기에는 시간상, 거리상으로 다소 무리가 있다. 그래서 동서울터미널에서 대전복합터미널로 내려가 거기서 무주행 버스를 갈아타기로 한다.

무주공용버스터미널에서 군내 버스를 타고 나제통문 앞에 내리니 10시가 다 되었다. 일전에 탈출한 길을 따라 부항령을 향하여 자전거 페달을 밟는다. 그렇고 그런 길을, 그러나 나에게는 힘든 길을 열심히 페달을 밟아 삼도봉터널 앞에 도착한다.

백두대간 아홉 번째 고개 부항령釜項嶺(660m)이다.

부항령은 전북 무주군 무풍면과 경북 김천시 부항면을 잇는 고개로 1089번 지방도가 지난다. 그러나 1999년에 밑으로 삼도봉터널이 뚫리면서 지금은 차량 통행이 뜸하다.

1757년(영조 33년)부터 1765년 사이에 각 읍에서 편찬한 읍지인《여지도서與地圖書》에는 '부항현釜項峴은 지례관아의 서쪽 37리에 있는데 삼도봉에서 뻗어 나온다'라고 기록돼 있다. 지례知禮는 지금의 경북 김천시 지례면을 말하는 것이다.

《신증동국여지승람》에도 부항현으로 돼 있으나 1750년대 초에 쓴 것으로 추정되는 필사본 8책의《해동지도》에는 부항치釜項峙라고 돼 있기도 하다. 또 부항령은 우두령 쪽 고개 아래에 있는 가목마을에서 유래된 이름인 가목령이라고도 부른다. 가목마을 지형이 가마솥과 같아서 가매실, 가매목이라 하다가 이를 한자로 부항이라 표기했단다.

그러나 이설異說도 있다. 가매=가마로 본다면 가마의 본래 뜻이 곰이고 곰은 단군 어머니이기에 신성함을 뜻하는 말이었는데, 그것을 한자로 차자借字하며 아무 관련도 없는 가마 부釜를 써 부항이 됐다는 것이다.

또, 항項은 령嶺, 현峴, 치峙, 재岾 등과 같이 모두 고개를 뜻하는 글자임으로 嶺은 옥상옥屋上屋이기에 그냥 부항釜項이라고 하면 된다고 이야기한다. 그렇다. 부항釜項이라고 부르는 것이 올바른 표기라고 나도 생각한다.

그러나 현실은 그렇지 않다. 우리, 앞으로 고개 이름들을 계속하여 살펴보기로 하자.

부항령에서 백두대간 산길을 따라 3~4시간가량 발품을 팔면 전북 무주,

경북 김천, 충북 영동 등 각기 다른 삼도가 만나는 삼도봉에 다다른다. 진짜 삼도봉이라고도 부르는 곳이다.

  2006년 겨울 어느 날. 그곳 삼도봉 밑 평평한 공터에서 젊은 친구들이랑 야영을 하고 다음 날 아침 일찍 일어나 눈이 무릎까지 쌓여 있는 민주지산을 넘어서 여름날 계곡 물놀이 명소 충북 영동의 물한계곡으로 내려온 적이 있다.

  야영하는 날 저녁, 내가 어묵탕 안주에 청주를 좋아하는 것을 아는 한 회원이 청주와 어묵을 배낭에 짊어지고 올라와 코펠에 끓인 어묵탕을 안주로 따끈한 청주를 마셨다. 얼큰하게 올라오는 취기와 더불어 산사람들 특유의 정에 흠뻑 빠져 노래까지 열창하며 한때를 보냈던 추억이 아련히 떠오른다. 모두들 잘 살고 있는지?

  인증 사진을 찍으려고 표지석을 찾으니 삼도봉터널(생태 이동 통로) 표지석만 있고 부항령 표지석이 눈에 보이지 않는다. 선답자들의 글을 보면 분명히 부항령 표지석 사진이 있는데…. 터널 위 백두대간 산길로 오르면 표지석이 있는 것을 알고는 있지만 자전거를 끌고 오르기에는 만만치 않은 길이다.

  어쩔 수 없이 삼도봉터널 표지석을 인증 사진으로 찍고 자전거를 터널 안으로 밀어 넣는다. 터널을 나와 경북 김천시 부항면으로 들어오니 이런! 그곳에 표지석이 서 있다. 그러나 자전거에서 내려 배낭 속에 넣어 둔 카메라를 다시 꺼내는 것이 귀찮아 그냥 다운힐을 시작한다.

  고개 이름은 부항령이라고 굳어졌는데, 부항령은 김천시 부항면을 연상시키기에 무주군에서는 부항령이라는 표지석을 세우지 않았을 것이라는 나의 상상력이 부디 상상으로 끝나기를 마음속으로 기원한다.

그러나 산을 다니다 보면 도경계나 군경계에 걸쳐 있는 산들 정상에는 각 지역 명칭을 새긴 각각 다른 표지석이 따로 세워져 있는 것을 많이 본다. 심지어 어느 산에서는 다른 군의 표지석이 깨어져 있는 것을 본 적도 있다.

부항령에서 지례초등학교 부항분교장까지는 거의 내리막이다. 부항분교장을 지나서 얼마간 페달을 밟으니 영동 방면으로 좌회전을 하기 전에 길가에 봄내쉼터라는 음식점이 있기에 자전거를 세우고 물을 마시며 잠시 숨을 고른다.

그런데 봄내쉼터라니? 그러면 지금부터 안간재(640m)의 시작이란 말인가? 안간재는 부항령과 우두령 사이에 있는 고개인데, 출발 전에 조사한 자료에 의하면 선답자들 사이에서도 이름깨나 있는 고개이다. 봄내재 또는 마산령이라고 불리기도 한다.

물을 마시고 일어나 좌회전을 하니 안간재 오름길이 맞다. 흐느적거리며 끌다, 타다를 반복하며 안간리까지 오니 더 이상 페달을 밟기가 귀찮아 자전거에서 내려 길가에 앉아 잠시 쉬는 시간을 갖는다. 봄 냄새를 맡으며 안간힘을 써야 오를 수 있는 고개이기에 봄내재이고 안간재인가? 고개 이름이 예쁘기도 하고 고약스럽기도 하다.

안간재에서 우두령 가는 길은 당연히 내리막이다.

자전거에 오르기 전에 내려갈 길을 보니 구불구불 내려가는 길이 올라온 방향보다 배 가까이는 되는 것 같다. 경사도도 만만치 않으니 조심해야겠다. 브레이크를 연신 잡으며 조심스레 내려가는데 로드 탄 사람이 고개를 숙이고 열심히 페달을 밟으며 올라온다. 나도 모르게 소리를 지른다.
"아자! 파이팅!"
그 사람도 한 손을 들어 흔드는데 힘듦이 역력히 보인다.
한참 동안 다운힐을 하니 마산로와 만나는 삼거리이다. 여기부터 우두령까지 5km가량은 오르막이다. 경사가 그리 높지는 않지만 은근히 사람 죽이는 오르막이다. 나는 어김없이 끌다, 타다를 반복하며 힘들게 우두령에 오른다. 빡세든 약하든, 모든 오름은 나에게 힘듦일 뿐이다.

백두대간 열 번째 고개 우두령牛頭嶺(720m)부터는 황악산黃嶽山(1,111m) 구간이다. 황악산 명칭의 유래는 확실하게 밝혀진 것이 없으나《신증동국여지승람》과《대동여지도》등에도 황악산으로 돼 있다. 한때, 국립지리원 발행 5만분의1 지도에는 황학산으로 표기됐으나 요즈음은 다시 황악산으로 수정했다.

　우두령은 경북 김천시 대덕면과 충북 영동군 상천면 경계에 있는 고개이다. 소머리처럼 생겼다 하여 우두령이란다. 그러나 옛날에는 고개 생김새가 질매 같다고 하여 질매재라 불리기도 했다. 질매는 길마의 이 지방 사투리인데, 소 등에 짐을 싣거나 수레를 끌 때에 안장처럼 소 등에 얹는 물건이다.
　언제부터인지는 모르지만 우리나라 한글 지명들을 한자화하면서 우두령이라고 바뀌었다는데, 이와 같이 한자로 바뀐 지명들은 도처에 수없이 많다.
　숨을 고르며 우두령의 생김새를 이리저리 아무리 뜯어보아도 소머리 형태는 보이지 않는다. 오히려 질매(길마) 모양이라는 것이 더 타당하다. 그러나 《산경표》에도 우두산으로 표기돼 있고 《대동여지도》에는 우두령으로 돼 있으니 한글 지명을 한자화하면서 우두령으로 바뀌었다는 내 말이 틀린 것인지도 모르겠다.
　그러나 질매재의 질매라는 사투리를 이웃 지방에서 탐탁스레 여기지 않아 타협책으로 우두령으로 부르기로 했다는 이야기도 있다. 우두령? 질매재? 조금 난해한 사안이니 전문가에게 맡기고 나는 내 갈 길이나 가야겠다.
　다음 고개 괘방령으로 가기 전에 우두령 인증 사진을 찍는데, 표지석 위에는 커다란 눈을 껌뻑이고 있는 소 한 마리가 외로워 보인다. 우두령 소에게 작별 인사를 하고 다음 고개 괘방령으로 향한다.

괘방령까지는 25km가량이지만 오르막도 그리 없다고 하니 넉넉잡아 2시간이면 갈 수 있겠다.

상촌로를 따라가는 길은 당연히 내리막이다. 이 내리막은 상촌삼거리까지 이어지고, 거리도 대략 10km 정도가 된다니 조금은 무서운 생각도 든다. 가끔 브레이크도 조심스레 잡으며 신나는(?) 다운힐을 한다.

흥덕리라는 동네에 오니 궁촌천이 슬며시 나타나 왼쪽에서 계속 따라온다. 더 내려오니 저수지도 보인다. 궁촌천은 상촌교 앞에서 초강천과 만나며 이름을 초강천에게 넘기고 슬며시 초강천 안으로 스며든다.

백두대간 고개 넘기를 시작한 지는 얼마 되지 않았지만 자전거를 타고 가면서 주위에 있는 수많은 하천들과 곳곳의 저수지를 보면 우리나라가 물 부족 국가는 아닌 것 같다는 생각이 드는데, 매스컴에서는 가끔 물이 부족하다는 이야기를 한다.

흐르는 물이라고 다 쓸 수 있는 것은 아닐 것이며 가뭄에 대비해서 수량도 관리해야 할 것이다. 또 좋은 물을 공급하기 위해서는 수질도 관리해야 할 것이니 경우에 따라서는 물이 부족할 수도 있겠다.

그런데 수질 관리와 수량 관리는 참 미묘한 관계이다. 그래서 아주 옛날 옛적 삼황오제三皇五帝 시절부터 물 관리를 잘한 임금들이 백성들의 추앙을 받고 선덕을 베푼 왕으로 지금까지도 기억되고 있을 것이다.

작금에 우리나라에서 벌어지고 있는 물에 관한 이런저런 말들도 정책 결정권자들의 현명한 판단으로 좋은 결과가 있기를 기대해 본다.

상촌교를 건너 우회전하니 충북 영동군 상촌면 소재지이다.

시각도 오후 3시가 되었는데 아직 점심을 먹지 못했기에 길가에 보이는 식당으로 들어간다. 점심시간이 지나서 그런지 손님은 없고 부부가 점심을 먹고 있다. 부부의 다정한 점심시간을 방해한 것 같아 미안한 마음이나, 수염이 석자라도 먹어야 양반이란다. 아주머니에게 미안하다는 말을 연발하며 올갱이해장국 한 그릇을 시킨다.

늦은 점심을 느긋하게 먹고 커피 한 잔까지 뽑아 마신 후, 민주지산로로 바뀐 길을 따라 페달을 밟는다. 그런데 길이 낯설지 않다. 페달을 밟으며 생각하니 오래전 어느 해 초가을에 젊은 친구들과 민주지산을 오르려고 버스를 타고 가던 길이다. 그때 가로수인 감나무에 달려 있던 감이 한창 노란 색깔로 익어 가고 있었는데, 그것이 인상적이어서 기억에 남은 모양이다.

괘방령 가는 길은 매곡 삼거리에서 민주지산로와 이별하고 우회전을 한다. 여기서 괘방령까지는 8km가량이다. 또 길도 그리 험하지 않단다. 여기서 험하지 않다는 의미는 오르막이 세지 않다는 뜻이다.

 그러나 나는 흐느적거리며 괘방령로로 바뀐 길을 따라 페달을 밟는다. 어! 갑자기 괘방령 정상이 나타난다. 안내판이 없었으면 무심코 그냥 지나칠 뻔했다. 그래도 높이가 300m인데 그냥 지나칠 뻔하다니? 기와를 씌워 세운 안내판이 고맙다.

 백두대간 열한 번째 고개 괘방령掛榜嶺(300m)은 충북 영동군 매곡면과 경북 김천시 대항면을 잇는 고개이다.

 괘방령이 지금은 한적한 고개이지만 걸어서 다니던 옛날에는 꽤나 번잡하던 고갯마루였다고 한다. 옛날이나 지금이나 관리들을 꺼리는 일반 서민들은 관로官路였던 추풍령을 피해 이 고개를 이용하여 영동을 거쳐서 한양으로 올라갔기 때문이다.

 특히 과거를 보러 한양으로 올라가는 선비들은 추풍낙엽秋風落葉을 연상시키는 추풍령보다는 걸 괘掛와 붙일 방榜, 즉 급제자의 이름을 알리는 괘방掛榜의 뜻을 가진 괘방령에 더 의미를 두고 모두 이 고개를 이용해 서울로 올라갔을 것이다.

그런데 《대동여지도》에는 괘방령掛榜嶺으로 표기돼 있지만 《대동여지도》보다 먼저 간행된 《신증동국여지승람》에는 괘방현掛方峴으로 표기돼 있다. 또, 내가 백두대간을 종주할 때인 2003년 무렵에는 대부분의 사람들이 괘방령을 궤방령이라고도 불렀다.

지금도 백두대간 종주를 하는 사람들의 산행기를 보면 궤방령이라고 부르는 사람들이 심심치 않게 보인다. 심지어 조선일보사에서 발행하는 산 잡지 〈월간 산〉 별책 시리즈로 1997년도에 발간된 〈實戰 백두대간 종주산행〉 등산 지도에도 궤방령으로 표기돼 있다. 아마도 그 산행 지도의 영향으로 많은 등산인들이 아직도 궤방령이라고 부르는 모양인데 지명의 혼동을 막기 위해서라도 어떤 조치가 필요할 것 같다.

인증 사진을 찍고 출발하려니 네모난 작은 돌에 영동군에 있는 모든 면面들의 이름을 새긴 돌탑이 보인다. 일명 화합의 돌탑이란다. 돌탑이 무슨 화합의 상징이라도 되는 것인지, 돌탑을 세우고 각각의 지명들만 적어 넣으면 사람들이 화합하는 것인가?

우리나라 곳곳에 서 있는 돌탑들의 쓸데없는 말장난과 허식은 이제 그만 집어치우고 지방 간의 갈등을 없애기 위한 실질적인 화합 방법을 찾아서 서로가 심도 있게 논의해야 할 때라고 나는 생각한다.

자, 이제는 노래로도 불리었던 구름도 자고 가고, 바람도 쉬어 간다는 그 유명한 추풍령이다. 애마야 그만 가자꾸나. 추풍령을 만나러….

올라왔으면 내려가는 것이 일반적인 자연법칙. 그러니 추풍령 가는 길은 당연히 내리막이다. 내가 나름 열심히 산에 다닐 때, 나는 내려가는 산길을 별로 좋아하지 않았다. 하산길이 아니고서는 내려가면 오름이 있는 게 당연하기 때문이었다.

그러나 '당장 먹기는 곶감이 달다고' 오르막보다는 내리막이 좋은 건 사실이다. 그러나 겁 많은 늙은이에게는 좋다는 내리막도 조심스럽기만 하다. 조심스럽게 브레이크를 잡으며 다운힐을 한다.

괘방령에서 20분가량 내려오니 왼쪽으로 직지 저수지가 있는데, 저수지를 끼고 추풍령 쪽으로 좌회전하기 직전에 오른쪽으로 김천 과하주(過夏酒) 제조장이 보인다.

바쁜 일정도 아니기에 과하주 제조장 쪽으로 핸들을 꺾는다. 아니, 아무리 바쁜 일정이라도 과하주 제조장은 꼭 들러 봐야 한다. 지금은 어쩔 수 없이 술을 멀리하는 몸이 되었지만 나와 술은 거의 60년 가까이 동고동락하며 떨어질 수 없는 사이였다.

직장 생활을 할 때도 직장과 인근 술집에서 그런대로 알아주던 술꾼이었고, 같이 산에 다니던 젊은 친구들 사이에서는 '酒(주) 向(향)한 敎會(교회) 목사'라고 불리기도 했다.

그리고 그들은 기꺼이 '酒 向한 敎會' 신도들이 되기를 자청하여 나와 더불어 酒님을 모시며 내 설교를 열심히 듣기도 하고 즐기기도 했다. 그렇기에 과하주 제조장을 그냥 지나치면 酒님에 대한 예의가 아니다.

김천은 옛날부터 물이 좋아 샘에서 금까지 나올 정도였다는데, 그 샘 이름이 금지천金之泉으로 지금의 김천金泉이라는 지명도 그 샘에서 유래됐다. 또, 그 금지천 물로 술을 담그면 술맛이 좋다고 하여 일명 주천酒泉이라고도 부른다.

지금도 금지천 뒤에는 1882년(고종 19년)에 세운 금릉주천이라고 쓰여진 비석이 서 있단다. 그러다가 임진왜란 때 조선에 온 명나라 장수 이여송이 금지천 샘물 맛을 보고, 중국 금릉(남경)에 있는 과하천過夏泉 같다고 말한 후부터 금지천은 과하천이라고도 불리게 됐다.

그리고 그 과하천으로 담근 술인 과하주過夏酒가 우리나라 8대 민속주 중 하나인 김천 과하주이다. 과하주는 약주에 소주를 섞은 혼양주混釀酒인데 여름이 지나도 술이 변하지 않으며, 사람들이 마시면 여름을 건강하게 날 수 있는 술이라는 뜻에서 붙여진 이름이다.

과하주는 조선시대부터 유명했던 술로 《주방문酒方文》,《역주방문曆酒方文》,《음식보飮食譜》 등 많은 문헌에 기록되어 있는데, 김천 과하주는 그중에서도 유명하다.

과하주 제조장으로 들어가니 사람은 없고, '지금은 외출 중'이라는 팻말만 외롭게 걸려 있다. 고종 19년에 세웠다는 금릉주천 비석이라도 보고 가려고 여기저기 열심히 기웃거려도 길눈 나쁜 나는 도저히 찾을 수가 없다.

무엇인가 속은 것 같은 이 기분은 내가 과하주 제조장에 대한 기대가 너무 컸기 때문일까? 조금은 씁쓰레한 기분을 달래며 얼마간 페달을 밟으며 달리다가 덕천사거리에서 영동 방향으로 좌회전하니 영남대로이다.

영남대로는 경부고속도로가 생기기 전까지는 부산과 서울을 연결하는 우리나라 대표적 간선도로였다. 길은 4차선 도로이나 차량 통행은 많지 않은 영남대로를 따라 8km쯤 흐느적거리다가 광천 삼거리에서 좌회전하여 김천민속박물관 옆을 지나니 고속도로 추풍령휴게소로 들어가는 인터체인지다. 휴게소로 오르는 입구에 자그마한 추풍령 표지석이 서 있다.

자전거를 끌고 굳이 휴게소까지 올라갈 이유도 없고, 걷기에 불편한 자전거용 신발을 신었기에 입구에 있는 표지석만 사진으로 남기고 자전거를 돌린다.

백두대간 열두 번째 고개 추풍령秋風嶺(221m)은 백두대간 고개 중에서 높이가 가장 낮은 고개이다.

그런데 추풍령도 높이가 제각각이다. 추풍령휴게소 입구 표지석에는 235m로 돼 있고, 내가 잠시 후 넘어갈 충북 영동군 추풍령면 고갯마루 표지석에는 220.3m, 《한국민족문화대백과사전》에는 221m라고 돼 있다. 각설하고 내가 걸어서 추풍령을 넘어보지 않았을 때에는 나는 가수 남상규가 부른 노래 추풍령의 가사처럼 '구름도 자고 가고, 바람도 쉬어 가는' 높은 고개일 줄 알았다.

　그런데 내가 2003년도에 백두대간을 종주하면서 추풍령 구간을 지날 때, 아무리 걸어도 구름도 자고 넘어야 하는 높은 고개 추풍령이 나타나지 않았다. 얼마를 더 걸으니 추풍령휴게소가 나왔는데 여기가 추풍령 정상이라고 대장이 말한다.

　"에계계~ 이것이 구름도 단번에 넘지 못하고 하루 자고 간다는 명성 높은 추풍령이야~?"

　추풍령에 대한 환상이 깨지는 순간이었다. 사실, 이중환도 《택리지》에서 '속리산 아래에 있는 화령과 추풍령은 작은 령이라고 말하며, 작은 령은 평지를 지나간 산인데 모두 낮고 평평하여 살기에는 알맞으나 산이라고 할 수는 없다'라고 설명해 놓기는 했다.

　그러나 추풍령은 높이가 낮기 때문에 오히려 각광받는 고개가 됐다. 1970년 7월 경부고속도로가 개통된 후에는 조선 시대 이래 한양을 오가는 으뜸 길이던 문경 새재의 역할을 추풍령이 고스란히 이어받았기 때문이다.

　또한 지금은 교통 편의상 웬만한 고개에는 모두 터널을 뚫었으나 추풍령은 차로 그냥 넘어도 무리가 없는 고개이기에 오가는 차들이 추풍령 정상에 있는 휴게소에서 휴식을 하면서 주변 풍광을 즐기는 관광 명소가 되었다.

　그런데 예전에 읽었던 추풍령휴게소 앞에 있는 안내문 내용이 조금 웃긴다. 안내문에는 '옛날에는 추풍령이 문경 새재와 함께 한양을 잇는 유일한 통로였다'라고 쓰여 있다.

　추풍령이 한양을 잇는 유일한 통로였다니? 과거 보러 한양으로 올라가는 선비들은 이름이 기분 나쁘다고 괘방령으로 돌아서 다녔고, 예나 지금이나 생리적으로 관리를 싫어하는 일반 백성들은 관리들이 다니는 길이라고 피해 가던 고개가 한양을 잇는 유일한 통로였단다.

내가 알기로는 문경 새재 위에 있는 소백산을 넘는 죽령보다도 오가는 사람이 적었던 고개가 추풍령인데, 내가 곧 넘어야 할 작점고개 참새들이 웃고 갈 일이다. 그러나 세월은 흘러 조선시대 한양을 잇던 제일 번잡하던 고개인 새재는 그 명성을 이화령터널에게 내주고 지금은 다시 옛길로 돌아가 관광객들이나 구경 삼아서 관문關門을 오가는 한적한 고갯길이 되었다.

이와 같이 삼라만상 모든 것들은 돌고 도는 게 세상살이 아니겠는가. 애마야! 다음 고개는 작점고개이지?

추풍령에서 백두대간 열세 번째 고개인 작점고개까지는 7km가 채 되지 않는다. 추풍령휴게소를 돌아서 나와 봉산로를 따라 잠시 페달을 밟으니 경북 김천 땅을 벗어나 충북 영동군 추풍령면으로 들어가는 고갯마루이다. 고갯마루 좌측에는 영동군에서 88올림픽 성화 봉송을 기념하여 1988년 9월 5일에 세운 추풍령 표지석이 서 있다. 아래에는 남상규의 '추풍령' 노래 가사도 새겨 놓았다.

그런데, 어느 곳이 옛날 사람들이 괴나리봇짐 메고 넘던 추풍령인가? 고속도로 추풍령휴게소인가? 지금 내가 서 있는 추풍령면 고갯마루인가? 추풍령면 고갯마루의 표지석 인증 사진을 찍고 잠시 내려오니 추풍령삼거리이다.

작점고개는 추풍령삼거리에서 우회전을 하여야 하나 갈등이 생긴다. 시계가 오후 5시를 넘어가고 있기 때문이다. 여기에서 잠자리를 정하지 않으면 화령까지는 가야 잘 곳이 있을 것 같은데 아무리 머리를 굴려도 이 시각에 화령까지 가기에는 무리다.

마침 앞쪽으로 에덴파크라는 모텔이 보이기에 오늘 일정을 여기에서 접기로 한다.

05

다섯 번째 길
63km 4시간 45분

추풍령 에덴파크 – 작점고개 – 큰재 – 개머리재 – 지기재 – 신의터재 – 화령 – 화령공용버스터미널 – 동서울터미널

　다음날 새벽. 뻐근한 허리를 두드리며 침대에서 일어나 창문 커튼을 젖히니 밖이 훤하다. 어젯밤에는 언제 잠들었는지도 모르게 잠이 들었다. 굉장히 피곤했던 모양이다.
　70 중반에 들어선 요즈음에는 아침에 눈을 뜰 때마다 나도 모르는 야릇한 신비감과 즐거움이 나를 엄습한다. 더군다나 작은 시골 동네 모텔방이니 그 신비감의 기쁨은 더한층 새롭다. 아침에 눈을 뜨는 것, 우리 나이에 그것은 신비이다. 아침에 태양을 볼 수 있고, 저녁이면 별을 볼 수 있다는 것 그 자체가 그저 고마울 따름이다.

　5시 30분에 모텔 문을 나서 작점고개로 자전거 페달을 밟는다. 작점고개 가는 길옆으로는 추풍령천이 계속 따라온다. 얼마간 페달을 밟으니 추풍령저수지이다. 저수지는 물안개 속에 아름답다.

그런데 물고기 양식장 같아 보이는 하얀 사각형 물체들이 저수지 한쪽을 가득 차지하고 있다. 가까이 가서 보니 태양광 발전 시설이다. 문재인 정부가 들어선 후부터 원자력 발전 시설을 폐기하고 대체 전력으로 태양광 발전 시설을 여기저기 만들고 있다.

어느 지역에서는 주민들의 반대가 심하다는 이야기도 들었는데, 자전거를 타고 지방을 가다 보면 태양광 발전 시설을 반대하는 현수막이 걸려 있기도 하다. 나는 그런 쪽으로는 문외한이기에 주민들이 왜 반대하는지는 모르겠지만 나름 이유가 있지 않을까? 사진 몇 장 찍고 자전거에 올라 얼마간 페달을 밟으니 작점고개이다.

작점고개에는 무슨 공사인지, 토목 공사가 한창이다.

백두대간 열세 번째 고개
작점고개(340m)는 충북 영동군 추풍령면과 경북 김천시 어모면을 잇는 고개이다.

옛날에 이곳 일대에 참새들이 많았고, 또 전국 제일의 유기 공장이 있어서 유기를 파는 가게들이 많았기에 새 작雀과 가게 점店을 합해 작점고개라고 했다는데, 한문으로 이름을 짓기 위한 작위적인 냄새가 너무 풍긴다.

차라리 영동 지방과 김천 쪽에서 불렸다는 '여덟마지기고개'나 '성황데기고개'라는 이름이 더 친밀감 있는 것 같은데 두 이름은 쓰이지 않고 작점고개로 굳어진 것 같다.

작점고개 인증 사진을 찍고 큰재(320m)를 향하여 다운힐을 한다. 큰재까지의 거리가 약 14km인데 내리막이 거의 4km는 되는 것 같다. 그러나 사실, 나는 내리막이 무섭다.

나이가 들면서 자연스레 반사 신경이 떨어졌고, 갑자기 일어나는 일에 대처할 수 있는 능력이 현격하게 떨어짐을 느끼기 때문이다. 그래서 내려갈 때에는 자주 브레이크를 잡아 속도를 조절을 하는 게 자전거 타는 습관이 됐다.

네이버맵은 김천시 능치리 부근에서 상주시 공성면 쪽으로 좌회전하라고 지시한다. 상주감연구소를 지나, 그렇고 그런 길을 따라 흐느적거리며 열심히 페달을 밟는다.

그러나 정상을 약 2km 정도를 남겨 두고 큰재는 서서히 경사도를 높인다. 도로에는 저속 차량 오름길도 있다. 어느 구간은 경사도가 10%를 넘는 것 같기도 하다. 아무리 낮은 고개라도 고개는 고개 값을 하는 법이다.

흐느적거리며 그냥 타고 오를 수도 있으나 나는 자전거에서 내린다. 시간은 좀 더 걸리지만 끌고 오르는 것이 편함을 이미 알았기 때문이다. 자전거를 끌고 오르며 작점고개에서 4km가량을 페달 한 번 젓지 않고 다운힐을 했으니 당연하게 그 업을 치러야 한다고 스스로를 위로한다. 그리고 즐거운 마음으로 큰재에게 사랑의 마음을 보낸다. 이제, 고개들은 어쩔 수 없는 내 사랑이다.

　　백두대간 열네 번째 고개 큰재(320m)는 경북 상주시 모동면과 공성면을 잇는 고개이다.

　　우리가 일반적으로 생각할 때 320m 높이로는 결코 큰 재가 될 수 없다. 그러나 세상만사 모든 것이 상대적인 것 아니겠는가. 1,000m 높이가 수두룩한 설악산이나 오대산 지역에 비하면 320m 정도는 고개도 아니겠지만, 평야 지대에서는 320m도 높게 느껴질 수 있을 터이니 말이다.

　　또, 이 지역 백두대간 고개들은 화령만 큰재와 높이가 같은 320m이고 나머지는 300m가 넘지 않는다. 사람들은 흔히 자기 입장에서만 생각하고 말과 행동을 하는데, 조금 더 성숙한 사람이 되기 위해서는 그것이 비록 미물일지라도 미물 입장에서도 생각해 보고 배려하는 모습을 보여야 되지 않을까? 내가 몇 년 전에 쓴 졸저 《자전거 페달을 밟으며》에도 이와 비슷한 생각을 잠깐 언급한 적이 있다.

나는 '잡(雜)'이 들어가는 글과 말은 조심스레 표현하려고 노력하며 가능한 한 쓰지도 않으려고 한다.
그것은 말과 글을 사용하는 인간이라는 동물이 자기 입장에서 만들어 낸 글이고 말이기 때문이다.
오히려 '잡' 입장에서 볼 때는 자신 이외의 것들이 '잡'이 아니겠는가?
사람이 많이 다니지 않는 산길을 걷다 보면 흔히 말하는 잡목이 팔을 긁고 옷을 잡아당겨서 여간 귀찮지가 않다.
이럴 때면 나도 모르게 "에이~~ 잡목 때문에 귀찮아 죽겠네" 하며 짜증을 내곤 하지만, 곧 후회하며 언필칭 잡목 입장에서 다시 생각해 보고는 한다.
"어느 놈이 조용히 명상 중인 나를 귀찮게 흔들며 지나가는 거야?"
"잡목님 명상을 방해해서 죄송합니다. 조용히 얼른 지나가겠습니다."
그런데 잡목이나 잡초는 본래 이름이 없는 것인가?
있더라도 사람들에게 별 이용 가치가 없다고 생각하는 잡목이고 잡초이기에 불러 주지를 않는 것인가?
얼마 전 조선 시대만 하더라도 하층 계급인 상민과 천민들에게는 이름이 없었다.
이름이 없을 때 그들은 사람이 아니었다. 하나의 짐승일 뿐이다.
그러나 그들에게 이름이 생겨서 불러 주었을 때 그들은 비로소 사람이 되었다.
잡목과 잡초에게도 이름이 있으면 불러 주고, 없으면 지어 주자.
그래서 그들도 당당하게 하나의 나무가 되고, 풀이 되게끔 해 주자.
(이하 생략)

그러나 상대방 입장에서 생각하기와 배려하기는 마음일 뿐, 결코 쉽지 않은 일이다. 나는 오늘 큰재 앞에서, 세상을 살아가면서 남 생각하기와 배려하기의 중요성을 다시 한 번 느끼고 배운다. 그리고 상대방 배려하며 살기, 물처럼 아래로만 흐르며 겸허하게 살기를 마음속으로 다시 다짐한다.

물을 한 모금 마시며 주위를 둘러본다. 이곳 큰재에 있던 백두대간 고개 위 유일한 초등학교인 옥산초등학교 인성분교는 폐교가 되고 그 자리에는 백두대간 생태 교육장이 들어섰다.

폐교된 학교 터를 보면서 아이들과 젊은이들이 점점 사라져 가며 피폐해져 갈 수밖에 없는 우리 농촌의 현실을 보는 것 같아 마음 한구석이 어둡다. 큰재도 이제는 어린 새싹들의 티 없이 맑은 목소리와 천진난만한 웃음소리를 들을 수 없으니 옛날이 그리울지도 모르겠다.

그런데 명색이 백두대간 산길이라면 산이 어느 정도 높이가 있어야 제격일 터인데 큰재 좌우로 보이는 것은 밋밋한 능선과 신곡1리 마을 알림판뿐이다. 그러나 밋밋한 고개인 큰재일지라도 백두대간 고개 역할은 하고 있다. 비가 올 경우에 큰재 좌측으로 떨어진 빗물은 금강으로 흘러들어가 서해로, 우측으로 흐른 빗물은 낙동강으로 모여서 남해로 흘러들어 간다.

배려와 겸허, 자연 섭리의 오묘함을 생각할 수 있는 계기를 만들어 준 큰재에게 고마움을 보내며 개머리재(295m)를 향하여 페달을 밟는다.

백두대간 열다섯 번째 고개 개머리재부터는 백학산白鶴山(615m) 구간이다.

백학산은 산 아래 왕실마을을 백학이 알을 품듯 감싸 안은 것 같은 포란지세包卵之勢 형상이라 하여서, 또한 겨울에 산 위에 눈이 쌓이면 많은 백학들이 날아와 앉아 있는 모습과 같다 하여 백학산이라고 불린단다. 인근 소정리마을에서는 장자봉, 배골마을에서는 백골봉이라고 부르는데 한번 들어가면 백골이 되어 나온다는 뜻이란다.

큰재에서 개머리재까지는 약 16km 정도이다. 길도 그냥 평지 수준이다. 개머리재가 큰재보다 낮은 295m이니 그리 급한 오르막도 없다. 사실, 예전에 배낭 메고 백두대간을 종주할 때도 큰재에서 신의터재까지는 산길을 걷는다는 느낌이 별로 없었던 구간이었다.

내가 이 길을 걸을 당시, 지금도 생각나는 것은 인근 목장에서 나는 분뇨 썩는 냄새와 나름 규격을 맞춰서 올망졸망 서 있던 과수원의 포도나무와 사과나무뿐이다.

그래서 혹자는 큰재부터 신의터재까지 백두대간 길을, 넓게는 상주 지역을, 중화지구대中化地溝帶라고 부른다. 중화는 상주시 모동면과 모서면의 고려 시대 명칭 중모현中牟縣과 화동면, 화남면 등의 조선 시대 명칭인 화령현化寧縣에서 각각 중과 화를 따온 것이고, 지구대地溝帶는 '열곡裂谷으로 띠를 이루는 공간' 즉, 지구 표면이 함몰되어 계곡 형태로 형성돼 길게 띠를 이루고 있는 지형이라는 뜻이다.

그런데 문제가 되는 것은 '열곡으로 띠를 이루는 공간'을 뜻하는 지구地溝라는 단어의 견해 차이이다. 많은 사람들이 이곳 상주의 지형이 비산비야非山非野 형태로 길게 이어지는 낮은 지역이기에 단순하게 지구대地溝帶라고 생각하고 중화지구대라고 부르고 있으나, 최근에 이곳을 지구대라고 부르면 안 된다는 의견이 제기됐다.

비록 이 지역 백두대간이 낮은 지형으로 이루어져 있더라도 지질학적으로는 계곡 형태의 지형이 아니고 산줄기이기 때문에 지구대가 아니라는 것이다. 그냥 중화지구中化地區라고 불러야 옳다는 것이다. 이론적으로는 맞는 말 같다. 조속한 시일 내에 좋은 방향으로 해결될 수 있기를 바라며, 모처럼 흐느적거리지 않고 1시간가량 페달을 밟으니 어느새 개머리재다.

개머리재 인증 사진을 찍으려니 개머리재에는 번듯한 표지석 하나 없다. 이름이 개머리라 표지석 하나 세워 주지 않은 건가? 그러나 개머리면 어떻고. 소머리인들 어떠랴. 사람들이 제가 필요해 고개 이름을 붙여 주었지만 고개들은 제 이름을 알지 못한다. 알려고도 하지 않는다. 크면 큰 대로, 작으면 작은 대로 그저 있어야 할 곳에 천지 창조 이래의 그 모습으로 다소곳이 앉아 있을 뿐이다.

초라해 보이는 *(개머리재) 표지목 앞에 애마를 세워 놓고 카메라 셔터를 누른다. 고개에 도착할 때마다 표지석이나 표지판 앞에서 카메라 셔터를 눌러 대는 나를 보며 마치 백두대간 고개 인증 사진을 찍으러 다니는 놈 같다는 생각이 들어 헛웃음이 나온다.

그러나 글이라도 긁적거리려면 사진도 필요한 것이니 어찌하랴.

백두대간 열여섯 번째 고개 지기재늡起岾(260m)는 경북 상주시 모서면 석산리와 대표리를 넘나드는 고개이다.

개머리재에서 거리도 대략 6km 정도이고 길도 평탄하니 30분 정도면 충분히 갈 수 있겠다. 개머리재 인증 사진을 찍고 대가산로를 따라 30분가량 페달을 밟으니 지기재이다.

옛날에는 이곳에 도둑들이 자주 출몰했기에 적기賊起재라고도 불렀다는데, 산세가 낮아 평탄한 길 같은 고개에 도둑이 나타나다니? 그러나 살기가 핍박해져서 목구멍이 포도청 되면 도둑뿐만 아니라 백주대로白晝大路에 강도가 나타날 수도 있는 것이니 낮은 고개라고 어찌 도둑들이 없었으랴.

신의터재로 출발하기 전에 지기재 인증 사진을 찍으려니 개머리재와 마찬가지로 표지석이 없다. 어쩔 수 없이 백두대간 등산로를 알리는, 그것도 화장실 옆에 허술하게 세워진 표지판에 애마를 세우고 인증 사진을 찍는다.

상주시 모서면에서 상주 고랭지 포도를 알리려고 세운 탑(?)은 높게도 하늘로 솟아 있건만 지기재는 낮다고 관리하는 부서에서 별 관심이 없는 모양이다.

그러나 지기재야, 이 세상 어느 것도 그냥 생겨난 것은 하나도 없단다. 낮으면 낮은 대로 너도 할 몫이 있는 것일 터이니 섭섭하게 생각 말거라. 너도 한때는 높은 고개였는데 사람들에게 네 등을 많이 내주다 보니 이렇게 낮아진 것인지도 모르는 것 아니겠니?

지기재에서 다음 고개 신의터재까지는 대략 8km 정도이다.

신의터재는 임진왜란 이전까지 신은현新恩峴이라 불렸다. 그러나 임진왜란 때, 부산에 상륙한 왜군이 파죽지세로 열이틀 만에 상주까지 올라왔으나 최초의 의병장이었던 김준신 장군이 이곳에서 왜군을 맞아, "남아는 마땅히 죽을 곳에서 죽어야 한다"며 왜군을 물리치는 큰 공을 세우고 순절한 후부터 신의터재로 불렸단다.

그렇고 그런 평지 길을 모처럼 흐느적거리지 않으며 901번 백화로를 따라 편하게 페달을 밟는다. 신촌 사거리에서 우회전을 하니 길은 어산로로 바뀐다.

어산로라니? 내가 알기로는 일제 강점기 때, 일본이 임진왜란 당시 의병장 김준신 장군에게 신의터재에서 패한 악감정과 민족정기 말살 차원에서 신의터재의 이름을 어산재로 바꾸었고, 광복 50주년을 맞아 옛 이름 신의터재를 다시 찾은 것이다.

그런데 아직도 어산로라는 도로명이 있다니? 물론 근처에 어산리(於山里)라는 마을이 있기는 하지만 그래도 무엇인가 찝찝한 도로 이름이다. 조금은 답답한 마음에 혀를 끌끌 차며 전혀 고갯길 같지도 않은 어산로를 따라 2km가량 페달을 밟으니 신의터재이다.

백두대간 열일곱 번째 고개 신의터재(280m)에는 한자로 新義峙亭(신의치정)이라는 팻말이 붙은 정자도 있고 음수대도 있어 쉬어 가기 좋은 곳이다.

애마를 표지석에 세우고, 언젠가는 신의치라는 명칭이 또 생길지도 모르겠다는 생각을 하면서 정자로 오른다. 아니, 신의치라는 명칭이 정자에 이미 생겼다. 내가 이런 생각을 하는 까닭은 신의터재에는 표지석이 3개씩이나 있기 때문이다.

　1996년에 상주시에서 세운 신의터재, 2009년 화동 산악회에서 세운 신의티, 2010년 산림청이 커다란 자연석을 깎아서 세운 신의터재가 그것이다. 같은 상주시 관내 고개인 개머리재나 지기재에는 조그마한 표지석 하나 없더니만, 왜 이곳은 표지석이 3개씩이나 있을까? 혹여나 임진왜란 때 이곳에서 공을 세운 의병장 김준신 장군의 명성에 조금이라도 기대 보려는 어떤 사람들의 마음이 스며 있는 것이 아니기를 바라며 자리를 털고 일어난다.

　자전거에 오르려 하니 조그마한 청개구리 한 마리가 먼저 타고 있다. 손을 휘저어도 꿈쩍 않는다.

　"청개구리야! 너도 자전거를 타고 딴 곳으로 여행을 하고 싶니? 그러나 집 떠나면 고생이란다."

　손가락으로 개구리를 툭 건드리니 그제야 풀쩍 뛰어내린다.

　다음 고개는 화령이다. 여기에서 화령까지는 11km가량이니 넉넉잡고 1시간이면 되겠다. 화령은 오던 길로 되돌아 내려가 화동 교차로에서 보은, 화서 방향으로 우회전하여 중화로를 따르면 된다.

　왼쪽으로 화령공용버스터미널을 바라보며 얼마간 페달을 밟으니 비재 가는 방향인 수청삼거리이다. 화령은 직진해야 한다. 잠시 페달을 밟다 보니 앞쪽으로 화령 표지석이 보인다.

　백두대간 열여덟 번째 고개 화령火嶺(320m)은 경북 상주시 화서면에서 내서면을 잇는 고개이다.

　이중환의 《택리지》에도 "이 고개는 속리산에서 남쪽으로 내려온 산줄기이다. 시내와 산의 경치가 그윽하고, 모두 낮고 평평하여 사람 살기에 알맞다"라고 말하고 있다.

　그러나 역설적이게도 이곳은 산이 낮고 사람들이 살기에 좋았기 때문에 삼국 시대 때부터 고구려, 신라, 백제 삼국의 각축장이었으며, 한국 전쟁 당시에도 치열한 전투가 벌어졌던 역사의 현장이다.

　원래 이곳의 이름은 '될 화化'를 쓰는 화령化寧이었으나 언제부터인지 화령火嶺으로 바뀌었다. 이 고개가 옛날부터 치열한 전투가 벌어진 곳이기에 화령化寧이 자연스레 화령火嶺으로 바뀌었다는 설도 있고, 또 풍수지리와 연관 지어 생각하는 이야기도 있다. 풍수지리상 속리산을 화산火山으로 보는데, 화산인 속리산으로 들어가는 입구에 있는 고개이기에 화령火嶺이라고 부른다는 이야기가 그것이다.

　그러나 조선 시대 이 지역 명칭이 화령현化寧縣이었고 지금도 화동면化東面, 화서면化西面 등으로 불리는 것을 참작하면 化嶺으로 부르는 것이 좋지 않을까 하고 나는 생각해 본다. 또 명칭도 고개를 뜻하는 '령'과 '재'가 겹치는 화령재보다는 화령이라고 불러야 한다.

　그런 의미에서 먼저 세운 표지석 화령재보다는 후에 산림청과 경상북도, 상주시가 공동으로 세운 표지석 화령이 타당하다 할 것이다.

　다음 백두대간 고개는 비재이다. 그런데 시각이 어느덧 오후 1시를 넘어가고 있다. 비재를 넘으면 문경시 가은읍까지는 가야 잠잘 곳이 있을 터인데, 지금 시각에 고개 4곳을 넘어 70여 km가 넘는 가은읍까지 가기에는 저질 체력에다 다리 힘까지 빠진 나에게 무리라는 생각이 든다.

　그렇다고 지금 시각에 잠자리를 찾을 수도 없는 일. 어쩔 수 없이, 아니 어쩔 수 없다는 핑계를 만들어 두 번째 백두대간 고개 넘기를 끝내기로 하고 화령공용버스터미널로 자전거 페달을 밟는다.

06

여섯 번째 길
125km 10시간 50분

동서울터미널 – 화령공용버스터미널 – 비재 – 장고개 – 갈목재 – 밤티 – 늘재
– 버리미기재 – 문경 가은역 – 문경버스터미널 – 이화령 – 소조령(조령)
– 수안보 리몬스온천호텔 1박

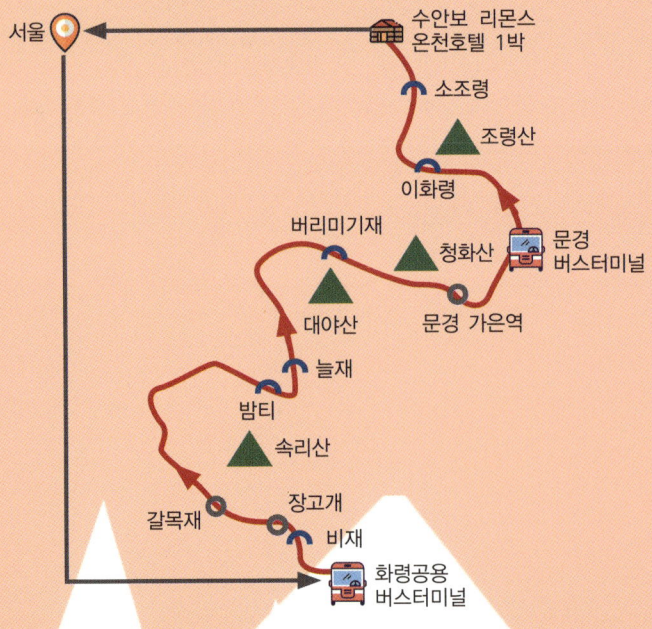

백두대간 열아홉 번째 고개 비재(343m)로 가기 위해 새벽 5시에 일어나 동서울터미널로 자전거 페달을 밟는다. 동서울터미널에서 6시에 출발하는 상주행 첫 버스를 타야 이번 백두대간 고개 넘기 일정이 조금이나마 순조롭기 때문이다.

상주버스터미널에 도착하니 시계는 8시 20분을 지나고 있다. 터미널에서 곶감이 들어간 2,500원 짜리 곶감컵밥으로 아침을 대신한 후, 화령으로 가는 버스를 갈아타고 화령공용버스터미널에서 내린다. 화령터미널에서 일전에 오른 화령 쪽으로 잠시 페달을 밟으면 수청삼거리다.

속리산 구간 첫 번째 고개인 비재(비조령)는 수청삼거리에서 괴산, 문장대 방향으로 좌회전을 하여 상곡로를 따르면 된다. 거리도 10km 남짓이고 심한 오르막도 없으니 흐느적거리는 나에게는 고마운 일이다. 하송2교를 건너서 삼거리에서 좌회전을 하니 도로는 문장로로 바뀐다.

문장로를 따라 계속 페달을 밟는데 다리가 하나가 보인다. 다리 이름이 대마도교이다. 대마도하고는 전혀 관계가 없는 이곳에 웬 대마도교? 근처에 있는 대마마을에서 이름을 따온 것 같다. 그러면 대마교라고 하면 되지, 도를 넣은 저의는 무엇일까?

대마도는 우리 땅이라고 강조해서 시민들이나 도민들에게 박수와 환호를 받고 싶은 어느 나리님의 정치적 발상이 아니길 바라며 비재를 향해 페달을 밟는다.

계속 함께하던 49번 문장로와는 SK대동주유소 앞에서 이별을 하고 평온동관로를 따라 1km가량 페달을 밟으니 앞으로 생태 이동 통로가 보인다. 비재이다.

비조령飛鳥嶺이라고도 불리는 백두대간 열아홉 번째 고개 비재에는 상주시에서 세운 백두대간 비조령이라는 큼직한 표지석이 서 있다.

1997년도에 〈월간 산〉에서 발행한 〈實戰 백두대간 종주산행〉에는, "이 고개는 나는 새의 형국이라 비조재飛鳥岾, 비조령飛鳥嶺이라 불렸으나, 최근에 와서는 비재로 굳어졌다"라고 기술되어 있다. 그런데 언제 다시 새가 나는 모양을 뜻하는 비조령으로 바뀌었는지….

일설에는 백두대간 봉황산과 형제봉 사이에 있는 고개(비재)가 '나는 새의 형상'이라 비조령이라고 했단다. 당시에 비행기를 타고 주위 산세를 살핀 것도 아닐 터인데 어찌 이 고개가 날아가는 새의 형상이라는 걸 알았을까? 그렇게 비조령이라고 부르고 싶었다면 차라리 비재 뒷산이라 할 수 있는 봉황산에서 '새(鳥)'를 빌려 왔다고 하는 것이 더 타당할 것 같다. 봉황이 비록 전설상의 새일지라도 새는 새니까 말이다.

비재는 날아가는 새의 형국이 아니고 단순히 비탈진 고개를 뜻하는 우리말이라고 말하는 사람들이 있다. 나도 그렇다. 비탈진 곳을 뜻하는 우리말로 '빗'이 있는데, '빗장, 빗금, 빗나가다' 등이 그 흔적이며 그것을 한자로

옮길 때는 '날 비飛' 또는 '비자나무 비榧' 등을 쓴다. 특히 '날 비飛'가 많이 쓰였는데, 그래서 우리말인 비재도 언제부터인가 한자인 飛岾비재로 바뀌었을 것이다.

내가 백두대간을 종주할 때인 2003년도에도 이 고개는 비재飛岾라고 불렸다. '비탈진 고개'를 뜻하는 한글 이름 비재는 아니더라도, 비재飛岾까지는 이해하겠다. 그러나 비조령飛鳥嶺은 너무 비약飛躍이다.

비재에서 백두대간 산길을 따라 약 2km 정도만 오르면 백두대간상 유일한 습지濕地인 못제가 있다.

못제는 후백제를 세웠던 견훤의 전설이 있는 곳이다. 견훤이 못제 맞은 편에 있는 대궐터산에 성을 쌓은 후, 못제에서 목욕을 하여 힘을 얻으며 그 세력을 넓혀 갔단다. 싸움에서 항상 패하던 보은군 호족 황충이, 견훤이 지렁이의 자손임을 알아내서는 못제에 소금 300석을 풀어 견훤의 힘을 꺾었다는 이야기가 그것이다.

《삼국유사》 기이奇異 편에 있는 '광주의 한 처녀가 지렁이와 정을 통하여 사내아이를 낳았는데, 나이 15살이 되자 스스로 견훤이라고 하였다'는 내용에 근거를 둔 이야기이다.

그러나 내가 백두대간을 종주할 때 본 못제는 그냥 축축한 습지였을 뿐이었다. 지금도 견훤산성이 경북 상주와 문경 일대에 보존돼 있는 것을 볼 때 그 당시에는 제법 큰 못이 실제로 있었을 법도 하건만, 이것도 세월무상인가 보다.

그런데 물이 있었던 곳이면 '방죽을 뜻하는 제(堤)'를 써서 못제라고 해야 할 것이다. 그런데 많은 사람들이 못재라고 부르고 있어, 고개로 잘못 알고 있는 사람들도 있다. 아니, 많은 사람들이 고개라고 잘못 생각하여 못 재라고 부르고 있다.

    비재부터는 속리산俗離山(1,058m) 구간이다. 속리산은 풍수지리상으로는 불의 산(火山)이라고 하니 결코 순한 산은 아니다. 그러나 왜 그런지 정이 가는 산이다. 그래서 속리산은 사랑하고픈 산이다.
    어느 해 초여름에는 속리산 종주를 하다가, 신선대 옆 휴게소에 주저앉아 막걸리를 마신 것이 너무 과해 산행을 포기하고 법주사 쪽으로 탈출한 적도 있다. 문장대 휴게소에서는 그곳 담금 막걸리 맛이 너무 좋아서 어쩔 수 없이 휴게소 방에서 하룻밤 신세를 진 적도 있었고, 견훤산성이 있는 화북면 쪽으로 내려오다가는 송이버섯 도둑으로 오인받기도 했다. 그만큼 자주 올랐었고 추억도 많았던 산이다.

    사람(人)이 산(山)속으로 들면 신선(仙)이 되지만, 물이 흐르는 골짜기(谷)로 내려오면 속(俗)이 된다. 즉 세상 사람이 된다. 이와 같이 산은 사람들을 신선의 세계로 이끌기도 하지만 많은 골짜기를 만들어 그 골짜기 가에 사람들이 살 수 있는 터전을 마련해 주기도 한다. 그런 산이 바로 속리산이다.
    사람들은 속리산을 이야기할 때, 흔히들 세속을 떠난 산이라고 말하곤 한다. 그러나 속리산은 세속과 함께하는 산이다. 속리산 트레킹 길인 '세조길'에 있는 정자인 세심정洗心亭에 걸려 있는 한시漢詩부터 읽어 보자.

道不遠人 人遠道(도불원인 인원도)
山非離俗 俗離山(산비이속 속리산)

도는 사람을 멀리하지 않건만 사람은 도를 멀리하고
산은 세속을 떠나지 않건만 세속은 산을 떠나네

이 시는 신라시대 최치원崔致遠이 헌강왕 12년(886년) 속리산 묘덕암에 이르러 읊은 시라고도 하고, 조선 선조 때 시인 백호白湖 임제林悌(549~1587)의 시라고도 하는 시다.

그러나 누구 시이든 간에, 시 첫 구절인 도불원인道不遠人은 《중용中庸》 13장에서 인용한 것이다. 임제는 22살 나던 해, 속리산에 숨어 살던 성운成運(1497~1579)을 만나 3년간 가르침을 받은 적이 있다. 그때 《중용》을 800번 읽었다는 이야기가 전해지는 것을 보면 임제의 시 같기도 하나, 내가 왈가왈부할 일은 아니다.

어찌 됐건 도가 세속을 떠나 있는 게 아니듯이 속리산 또한 세속을 떠나지 않은 산이다. 그렇기에 속리산에는 그 넓고 깊은 자락마다 역사의 흔적이 깊숙이 밴 세속 이야기도 제법 많다. 법주사法主寺에 얽힌 신라 진흥왕 때 의신 스님의 이야기를 비롯하여, 고려 태조 왕건과 말티고개 이야기, 특히 세조와는 정이품송正二品松, 문장대文藏臺, 목욕소沐浴沼, 학소대鶴巢臺 등에 많은 이야기가 남아 있다.

그 외에도 세종이 7일간 머물며 법회를 열고, 그 기쁜 마음을 담았다는 상환암上歡菴, 임경업 장군이 7년간 무술 수련을 했다는 경업대慶業臺와 그가 일으켜 세웠다는 입석대立石臺 이야기 등등, 그 수를 셀 수 없을 정도로 세속의 이야기가 그득하다.

그러나 본래 세상 만물 모든 것은 하나인 것을, 세속을 떠남이 어디 있고 떠나지 않음이 어디 있으랴. 바로 불가佛家에서 이야기하는 불이不二이다. 그래서 부처는, 모든 사물은 서로 대립하며 존재하는 것처럼 보여도 근본은 서로 다른 둘이 아니고 하나라고 말하는 것이다.

비재(비조령) 표지석과 생태 이동 통로를 인증 사진으로 찍고 다음 고개 갈목재로 향한다.

비재에서 1km 정도 내려가니 네이버맵은 보은, 속리산면 쪽으로 우회전을 하란다. 우회전을 하자마자 오르막이 나타난다. 경사도도 10%나 되는데 장고개(380m)란다.

이럴 때는 얼른 자전거에서 내려 자전거를 끄는 것이 상책이다. 그러나 다행스럽게 고개가 길지는 않다. 백두대간 고개를 넘다 보면 생각지도 않던 고개도 만난다던데, 나에게는 장고개가 그런 첫 고개이다.

비록 끌고 올랐지만, 올라왔으면 당연히 내리막이다. 비룡동관로를 따라 4km가량 다운힐을 하니 지금은 폐교된 수정초등학교 삼가분교가 왼쪽으로 보인다. 문을 닫은 학교는 적막강산이다. 한때는 저곳에도 봄꽃들이 활짝 피어, 지금쯤은 교실 안에서 봄꽃들의 합창 소리가 요란했을 텐데, 굳게 닫힌 창문에는 쓸쓸함만 가득하다.

이곳에 봄꽃이었던 아이들은 지금은 어디서 무엇을 하며 어떻게 살고 있을까? 아직도 봄꽃 같은 마음을 갖고 봄같이 따사한 삶을 살고 있기를 마음속으로 빌어 본다.

출입금지 팻말이 서 있는 쇠줄을 넘어가 학교 사진 두어 장 찍고 나와 삼가교를 건너니 커다란 저수지가 나온다. 풍광도 좋다. 보은군 내속리면 삼가리에 있어서 삼가저수지, 또는 비룡저수지라고도 불리는 저수지인데 속리산 최고봉인 천왕봉(1,058m)에서 발원한 삼가천이 만들어 낸 저수지로 면적이 자그마치 78만m^2란다.

속리산 천왕봉은, 이곳에 떨어진 빗물이 세 군데로 갈라져 흐르는 시작점이라 하여 삼수령三水嶺이라고도 한다. 이곳 천왕봉에 떨어진 빗물이 동쪽 사면으로 흐르면 낙동강, 북쪽이나 서쪽 사면으로 흐르면 한강, 남쪽으로 흘러드는 물은 금강을 이룬다. 그래서 천왕봉 남쪽으로 떨어진 빗물이 흘러들어온 삼가천은 금강 상류 물줄기가 되는 것이다.

백두대간상에는 한 곳의 삼수령이 더 있다. 강원도 함백산 근처에 있는 피재가 그곳이다. 피재 이야기는 나중에 그곳을 지나갈 때 다시 하기로 하자.

그런데 삼수령이라는 말은 국어사전에는 없는 단어이다. 물이 세 줄기로 나뉘는 것이 사실이니 삼수령이라는 말을 공식 단어로 사전에 등재하던지, 혹여나 그 단어에 어떤 문제점들이 있어서 등재가 어렵다면 다른 대안을 생각해 보아야 되지 않을까?

내가 다음에 넘어야 할 갈목재(390m)는 삼가저수지가 있는 이곳 삼가리에서 속리산면 갈목리를 넘나드는 고개로 길이 험하고 위험하기에 2013년 12월에 터널을 뚫고 옛길은 폐쇄했다. 여기에서 갈목재까지는 3km가량이나 잔잔한 업힐의 계속이다. 그러나 자전거에서 내리지는 않고 흐느적거리며 페달을 밟는다. 흐느적흐느적….

흐느적거리며 갈목재터널을 나오니 왼쪽으로 갈목재 옛길이 보인다. 옛길은 출입금지 표지판과 함께 철망으로 막아 놓았다. 갈목재는 백두대간 고개는 아니고 속리산 천황봉에서 갈래를 쳐서 나온 한남금북정맥상의 고개이나, 백두대간 고개를 넘으려면 거치지 않을 수 없는 고개이다.

속리산 천황봉에서 갈라져 나온 한남금북정맥은 충청도 북부 지방을 동서로 나누며 뻗어 오다가 경기도 안성 칠장산에서 서북쪽으로는 김포 문수산까지의 한남정맥으로, 서남쪽으로는 태안반도 안흥에서 맥을 다하는 금북정맥으로 갈리는 산줄기 이름이다.

출입금지 철책이 가로막은 갈목재 인증 사진을 찍고 밤티로 출발한다. 여기에서 밤티까지는 26km가량이니 짧은 거리는 아니다.

갈목재에서 잠시 다운 힐을 하면 갈목삼거리가 나온다. 갈목삼거리에서 속리산 방향으로 우회전하여 2km가량 가면 상판삼거리가 나오는데 직진하면 정이품송을 거쳐서 법주사 가는 길이고, 밤티는 좌회전하여야 한다.

애마야! 모처럼 왔으니 법주사는 들르지 못해도 정이품송이라도 보고 갈까? 그러나 오늘 중으로 수안보까지 가야 하는 빡빡한 일정이기에 꾹 참고 핸들을 좌측으로 꺾는다.

속리산로로 바뀐 길은 갈수록 경사도가 높아진다. 흐느적거리며 페달을 밟다가, 내려서 끌다가를 반복하며 정말로 힘들게 밤티에 오른다.

백두대간 스무 번째 고개 밤티(480m)는 속리산 문장대 오르는 들머리이다. 그런데 산길은 철망으로 단단히 막아 놓았다.

밤티에서 문장대 오르는 길은 출입금지 구간이기 때문이다.

속리산 제2봉인 문장대文藏臺(1,054m)는 최고봉인 천왕봉보다 이름이 더 알려진 봉우리이다. 많은 사람들이 속리산 하면 문장대는 알아도 천왕봉은 잘 모른다. 책을 감춰 둔 봉우리라는 뜻의 문장대는 세조와 인연을 맺고 있는 봉우리이기도 하다.

세조가 피부병 치료차 속리산에 들렀을 때, 꿈속에 귀공자가 나타나 "인근에 있는 제일 높은 봉우리에 올라가 기도를 하면 신상에 좋은 일이 있을 것"이라 하여 다음 날 문장대에 올라와 보니 삼강오륜三綱五倫이 적힌 책이 있더란다. 세조가 그 책을 하루 종일 읽어서, 또는 신하들과 같이 이곳에서 시를 읊어서 문장대가 됐다고 하는 봉우리이다.

그런데 뜬금없이 무슨 삼강오륜일까? 조카를 죽이고, 또 그것을 반대하는 신하들(사육신)조차 죽이며 왕위에 오른 세조에게 사람의 도리를 알리는 경고 차원의 이야기인가? 차라리 불경을 하루 종일 읽었다면 세조가 불교에 귀의하게 된 배경 이야기라도 되었으련만….

또, 문장대는 봉우리가 구름 속에 감춰져 있어서 혹은 하늘 높이 치솟은 봉우리가 흰 구름과 맞닿은 것 같은 절경을 이루고 있어서 운장대雲藏臺라고도 불린다.

날이 흐리고 바람이라도 많이 부는 날 이곳에 오르면 바람에 휘날리는 구름 사이로 보이는 문장대의 모습은 가히 장관이다. 내가 백두대간을 종주할 때도 이곳에 도착하니 구름이 끼고 바람이 부는 날이었는데, 구름 속에서 나타났다가 사라지기를 반복하는 문장대의 모습이 너무 멋있어 추위도 잊고 한참을 머물렀었다.

문장대 이야기를 길게 하다 보니 밤티는 뒷전으로 밀렸다. 사실, 밤티는 뚜렷한 이야깃거리도 없는, 고개 주위에 밤나무가 많아서 밤티가 됐다는 이야기 정도가 고작이다.

이곳도 속리산을 출입할 수 없는 곳이라 그런지 변변한 표지판 하나 없기에 '밤치재 지킴터'라는 팻말이 붙은 속리산 국립공원 감시 초소를 배경으로 자전거를 세워 놓고 인증 사진을 찍는다.

그런데, 감시 초소 표지판의 밤치재는 또 무엇인가? 티도 고개를 뜻하는 순수 우리말이다. 그래서 밤티재에도 고개라는 말이 두 번씩 들어가 못마땅했는데 아예 티를 한자인 고개 치峙로 바꿔서 밤치재란다. 지킴터라는 예쁜 우리말이 오히려 무색해진다.

애마야! 다음 고개인 늘재로 가자꾸나. '길게 늘어진 고개'를 뜻하는 순우리말 이름 늘재가 괜히 정겹다.

백두대간 스물한 번째 고개 늘재(380m)는 경북 상주시 화북면 장암리와 용유리를 잇는 고개로 이곳 밤티에서 4km가 채 되지 않는다.

늘재는 '늘어진 산줄기의 고개'라는 뜻이다. '계속하여, 언제나'라는 뜻을 가진 부사 '늘'의 사전 뜻풀이를 유추해 보면, '늘어진, 늘린'이라는 뜻도 함축돼 있다고 볼 수 있기에, 늘재는 당연히 늘어진 산줄기의 고개라고 나는 생각한다.

용화로를 따르던 길은 시나브로 문장로로 바뀐다. 얼마간 페달을 밟으니 약간의 업힐 구간이 시작된다. 높은 고개든 낮은 고개든, 고개를 오르려면 오르막은 당연히 있는 것. 경사도가 세지 않은 밋밋한 고개이지만, 업힐은 나에게 영원한 아킬레스건이니 어쩔 수 없이 흐느적거리며 늘재에 오른다.

늘재 고갯마루에는 큼지막한 돌에다가 백두대간이라고만 쓰여 있는 표지석이 서 있다. 그런데 표지석에는 늘재라는 고개 이름 없이 왜 백두대간이라고만 쓰여 있을까? 답답하지만 물어볼 사람도 없기에 고개만 갸우뚱거리고 만다.

표지석 뒤로 난 산길은 청화산靑華山(984m)으로 오르는 길이다. 청화산은 조선 시대에 이상향을 꿈꾸던 사람들의 산이다. 동서고금을 막론하고 세상 모든 사람들은 언제나 이상향을 그리며 살아왔다. 그 이상향이 중국에서는 무릉도원武陵桃源으로, 우리나라는 청학동靑鶴洞 등으로 그려지고 있다.

우리나라에 청학동이라는 이상향 또는 선경지라는 장소의 정체성이 생긴 시기는 대개 고려 후기로 본다. 이상향이나 선경지가 생기는 배경에는 도가의 은일 사상과 신선 사상이 큰 몫을 했다.

그러나 이런 도가 사상이 활발하게 싹튼 시기는 조선조 중반 이후부터다. 공자와 맹자의 실천주의를 지향하던 유학(유교)을 송나라 시대 주희가 나라와 왕을 중시하는 관학官學으로 변질變質시키는데, 그것이 성리학(주자학)이다.

그런 성리학이 조선조에 들어와서는 사대부들의 권력 투쟁과 당쟁에 이용되고는 한다. 이런 사회 현실에 환멸을 느끼고 고민하던 일부 지식인들에게 도가 사상은 은일隱逸할 공간을 제공한다. 그것이 청학동이라고 그려지고 있는 선경지로 찾아들어가 신선 세계를 꿈꾸는 것이었다.

저자가 알려지지 않은 우리나라 대표적 예언서인《정감록鄭鑑錄》에 나오는 십승지十勝地도 권력을 잡은 사대부들만의 리그로 변해 버린 성리학에 염증을 느끼던 어느 지식인이 그린 이상향의 하나일 것이라고 나는 생각한다.

한편, 중국 사람들이 꿈꾸는 이상향 무릉도원은 중국의 대표적 전원시인田園詩人 도연명陶淵明(365~427)의《도화원기桃花源記》에서 비롯된다.

"진秦 나라 때 무릉이라는 곳에 살던 어부가 배를 타고 복숭아꽃이 아름답게 핀 숲 속의 물길을 따라가다 길을 잃고는 어느 동굴 속에 있는 마을로 들어갔다. 마을 풍경은 매우 아름다웠고 사람들은 모두가 즐거운 모습으로 근심 걱정 없이 살고 있었는데, 어부는 그곳에서 대접을 잘 받고 돌아온 후 다시 그곳을 찾아갔으나 찾을 수 없었다"는 그 마을을 도연명은 중국 사람들이 꿈꾸는 이상향이라며, 그곳에 사는 사람들이 평화롭고 즐겁게 사는 모습을 아래와 같이 그리고 있다.

서로 격려하며 농사일에 힘쓰고 해 지면 서로 더불어 돌아와 쉬었다네.
뽕나무와 대나무는 짙은 그늘 드리우고 콩과 기장을 철 따라 심으며, 봄에는 누에에서 실을 뽑고 가을에는 수확을 해도 세금이 없네.
아이들은 마음껏 다니면서 노래 부르고 노인들은 즐겁게 놀러 다니네.
초목이 무성하면 봄이 온 걸 알고 나무가 시들면 바람이 매서움을 아노라.
비록 세월 적은 달력 없지만 사계절은 저절로 한 해를 이루며, 기쁘고도 즐거움이 많은데 어찌 딴 마음을 가질 필요가 있겠는가.
(이하 생략)

도연명은 《도화원기》에서 각자에게 주어진 본분을 다하며 열심히 일하면 저절로 즐거움과 편안함이 따라온다며, 그냥 평범한 생활을 이상향으로 그리고 있다. 《도화원기》에서 볼 수 있듯이 도연명이 꿈꾸는 이상향은 일을 하지 않고 놀기만 하여도 편하게 먹고 살 수 있는 에덴동산 같은 곳이 아니다.

그런데 도연명이 그린 무릉도원에 사는 사람들의 삶은, 이상적 정치가 잘 펼쳐져 중국 역사상 가장 평화로운 시대로 여기는 요순시대堯舜時代 요나라 농부가 손으로 배를 두드리고 발로 땅을 구르며(鼓腹擊壤) 노래하는 〈격양가擊壤歌〉의 내용과도 비슷하다.

해 뜨면 나가서 일하고 해 지면 돌아와서 쉰다네(日出而作, 日入而息)
우물 파서 물 마시고 밭 갈아서 밥 먹는데(鑿井而飮, 耕田而食)
임금의 힘이 나에게 무슨 상관있는가(帝力於我何有哉)

《도화원기》에서 도연명이 그린 무릉도원이나 요나라 시대 농부들이 임금의 존재조차 느끼지 못하고 사는 삶은 모두 무위자연無爲自然의 생활을 이상향으로 그리고 있다.

잘살고 귀하게 되는 것만을 이상적인 삶으로 생각하며, 돈을 많이 벌거나 출세를 하기 위해서라면 어떠한 수단과 방법도 가리지 않는 지금의 현실 세계에서는 도연명이 《도화원기》에서 그린 삶이나 요나라 농부들의 삶과 같이 소박하게 사는 것이 가능하지 않을 수도 있을 것이다. 그러나 그렇게 살아가는 것이 결코 불가능한 것은 아닐 거라고 나는 생각한다.

반면에 토머스 모어의 소설 《유토피아》에서 그린 서양의 이상향은 '어느 곳에도 없는 곳, 현실적으로는 불가능할 수밖에 없는 모든 것이 완벽하게 이루어진 곳'으로 그리고 있어서 현실성이 떨어진다.

하지만 현실성 없는 이상향이면 어떻고 그렇지 않은 이상향이면 어떠하랴. 동서고금을 막론하고 인간들은 태어날 때부터 본능적으로 삶의 행복을 담보할 수 있는 이상향을 꿈꾸며 살아갈 수밖에 없는 것이 숙명인 것을….

조선 시대 사람들이 이상향 중 한 곳으로 여기던 청화산 이야기로 다시 돌아가자. 지리서 《택리지》를 쓴 이중환은 스스로를 청화산인靑華山人이라고 칭할 정도로 청화산을 사랑하였다. 《택리지》에 나오는 청화산 이야기를 조금 옮겨 본다.

청화산은 산의 높고 큼은 비록 속리산에 미치지 못하나, 속리산같이 험한 곳은 없다.
흙으로 된 봉우리에 둘린 돌들은 모두 밝고 깨끗하여 살기殺氣가 적다.
산 모양이 단정하고 좋으며 빼어난 기운이 흩어지지 않으니 가히 복지福地이다.

16년 전에 내가 백두대간을 종주하면서 청화산을 보고 느낀 생각도 비슷했다. 주위에 있는 험한 바위산들과는 다르게 단아해 보이면서 속기俗氣가 없어 보이던 산이다. 전체적으로는 육산이지만 산등성이에 솟은 바위들은 막 봉오리를 터트린 철쭉꽃 같은 느낌이 들던 것이 청화산 모습이다. 그런 청화산이 품고 있는 우리나라 사람들의 이상향이 있으니《정감록》에서 이야기하는 우복동牛腹洞이 바로 그곳이다.

소의 뱃속같이 편안한 곳이라는 우복동은 청화산 아랫마을인 경상북도 상주시 화북면 용유리 일대의 마을이다. 전쟁에 시달리고 탐관오리들에게 착취당하던 우리나라 민초들에게 산은 마지막 삶의 터전이었고 안식의 고향이었다. 청화산도 그런 산 중 하나였으며 우복동은 그 중심이고 핵이다.

그러나 핍박한 삶을 힘들게 살아가야 했던 우리 민초들의 이상향 우복동은 다른 곳에도 있다. 충북 보은군 속리산면 구병산자락 구병리가 그곳이다. 구병리 사람들은 구병리도《정감록》에서 이야기하는 우복동이라고 굳게 믿으며 지금도 그곳에서 대를 이어 가며 살고 있다.

표지석 및 성황당 등을 인증 사진으로 찍은 후 문장로를 따라 백두대간 스물두 번째 고개 버리미기재로 자전거 페달을 밟는다. 늘재에서 버리미기재(480m)까지는 20km가량 되니, 힘 빠진 나에게는 만만한 거리가 아니다.

그러나 어찌하랴? 얼마간 다운힐을 하니 왼쪽으로 이강년 장군 묘지 입구라는 표지석이 서 있고, 조금 더 내려가니 청화산농원 농산물 판매소가 보인다. 왼쪽의 버스정류장 이름도 귀빈래마을이다.

출발하기 전, 자료를 조사할 때 청화산농원에서 귀빈래貴嬪來마을 길가에 '지구촌 어머니 사랑 동산'이라는 효 테마공원을 조성해 놓았다는 것을 보았는데 여기가 그곳인 모양이다. 주위에서 일을 하고 있는 사람에게 여기가 효 테마공원이냐고 물으니, 이미 지나온 이강래 장군 묘지 입구 건너편이란다.

다시 올라가 주위를 둘러보니 '지구촌 어머니 사랑 동산' 표석과 '어머니를 기리는 글'을 새긴 표석 등이 서 있는 효 테마공원이 있었다. 그러나 내가 백두대간 고개 출발 전에 조사한 자료에 있던 목을 길게 빼고 자식을 기다리고 있는 어머니상이 새겨진 표석은 찾을 수가 없다.

표석이 왜 없어졌는지 모르지만 귀빈래마을 표석에 새겨진 어머니가 오늘도 목을 길게 빼고 기다리는 자식들이 부모님들 생각과 같이 과연 귀한 손님들일까?

우리 어머니도 귀할 수가 없을 것 같은 손님 5명을 나름 잘 키워 놓으시고 오랫동안 요양병원 병상에 누워서 고생만 하시다가 지난 7월 15일 초복 날 저 멀리 다른 세상으로 떠나셨다. 아~~ 우리 어머니.

효 테마공원에서 20여 분 페달을 밟으니 송면 삼거리이다. 이곳부터는 괴산 땅이다. 괴산은 계곡의 고장이다. 좌측 길은 그 유명한 화양계곡으로 가는 길이지만 버리미기재는 쌍곡계곡 방면으로 우회전을 해야 한다.

좌측 길로는 우암尤庵 송시열宋時烈과 퇴계退溪 이황李滉의 이야기가 깃든 화양동계곡과 선유동계곡을 비롯하여 학소대계곡, 난가대계곡, 구암계곡, 은선암계곡 등등, 계곡이 끝도 없이 펼쳐진다.

그러나 나는 고개를 찾아가야 하기에 계곡 길 쪽은 눈길 한 번 주고 대야로大耶路를 따라 계속 페달을 밟는다. 흐느적거리며 페달을 밟다 보니 무엇 하는 집인지는 모르겠으나 길가 오른쪽으로 '백두대간 버리미기재 양지뜸'이라는 표석을 세워 놓은 집이 보인다. 버리미기재에 거의 다 온 모양이다.

백두대간 스물두 번째 고개 버리미기재 (480m)는 충북 괴산군 청천면과 경북 문경시 가은읍을 잇는 고개이다.

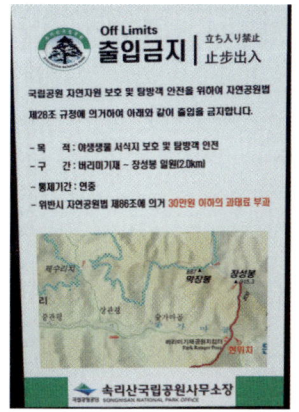

버리미기재에는, 벌어먹이다의 경상도 사투리 '버리미기다'에서 유래됐다는 이야기와 보리나 지어 먹던 궁벽한 곳이란 뜻의 '보리먹이'가 변한 말이라는 이야기가 있다. '벌어먹이다'의 사투리이건, '보리(버리)와 먹이(미기)'의 합성어이건 간에 산골 기슭의 척박한 땅에 기대어 궁핍한 삶은 꾸려가야 했던 우리네 민초들의 힘들었던 옛날 살림 모습이 그대로 묻어나는 고개 이름이라 하겠다.

버리미기재에도 표지석 하나 없고, 아무런 표지도 없는 초소만 하나 덩그렁하다. 별로 알려지지 않은 고개의 서러움을 여기서도 본다. 잠시 전에 본 어느 집 앞에 서 있던 '버리미기재 양지뜸' 표석이 괜스레 가슴에 닦아 온다.

버리미기재 초소와 버리미기재 입산 금지 표지판을 인증 사진으로 찍고 이화령으로 향한다. 길은 당연히 내리막이다. 얼마 동안 다운힐을 하니 오른쪽으로 대야산 용추계곡 주차장이 보이며 버스와 승용차들이 가득하다.

백두대간이 품은 산인 대야산大耶山(930.7m)은 전체가 바윗덩어리이다. 특히나 북쪽 희양산 방향은 직벽의 낭떠러지이다. 걸어서 백두대간을 종주할 때 직벽을 로프에 의지해 낑낑거리며 내려가던 생각을 하며 대야산 용추계곡 안내판 사진을 기념으로 찍고 다운힐을 계속한다.

오늘 나의 잠자리 예정지는 이화령 너머 수안보 온천이다.

버리미기재에서 이화령梨花嶺(548m)까지 약 37km, 이화령에서 수안보 온천까지 다시 약 18km이니 총 거리가 55여 km이다. 저질 체력인 나에게는 굉장히 먼 거리이다. 더군다나 지금은 체력도 거의 고갈 상태이다. 그러나 지금 와서 어찌하랴.

922번 지방도로를 따라 열심히 페달을 밟으며 문경시 가은읍 읍내로 들어선다. 석탄 산업이 호황을 누릴 때는 활기 넘쳤을 가은역은 폐역이 되어 카페로 변하였고, 철길은 철로 자전거길로 변신하여 자전거 탈 손님을 모으고 있다.

가은역 사진 두어 장 찍고 시계를 보니 오후 5시가 지났다. 오늘 잠자리 예정지인 수안보 온천까지는 아직도 40여 km가 남았다. 이화령과 소조령이라는 복병도 있으니 내 자전거 타는 솜씨로는 적어도 3시간 이상 잡아야 할 것이다.

마음에 이런저런 갈등이 생긴다. 문경 온천까지 가서 오늘 잠자리를 잡아? 그러면 내일 일정에 차질이 생길 수 있으니 곤란하다.

문경까지 버스를 타고 가기로 한다. 백두대간 고개를 차 타고 넘는 것도 아니고, 평지 길을 차 타고 가는 것이니까 반칙은 아니라는 얄팍한 마음으로 자위를 하면서 버스정류장으로 향한다. 그런데 문경 가는 버스는 6시 40분에나 있으니 1시간 이상을 기다려야 한다.

마침 택시가 있기에 택시에 자전거를 싣고 힘없는 목소리로 말한다. "문경버스터미널이요." 문경버스터미널에서 택시를 내려 새재 자전거길을 따라 이화령을 향해 다시 자전거 페달을 밟는다.

이화령부터는 소백산 구간이다. 소백산小白山(1,439m)은 이름에서도 보이듯이 스스로를 낮춘 산이다. 지리산, 설악산에 이어서 세 번째로 자라이 넓은 소백산이지만 자신을 내세우지 않는 군자처럼 스스로 이름에 '작을 소小'를 넣었다. 그래서 낮춤을 덕목德目으로 삼는 유교의 산이 되었고 불교의 산도 됐다. 도교의 산이 됨은 당연한 일이다.

소백산 산자락 경북 영주시 순흥면에는 백운동서원白雲洞書院이 있다. 조선조 중종 때 주세붕이 왕명으로 세운 우리나라 최초 서원으로 명종 5년(1550년)에는 소수서원紹修書院이라는 사액을 받아 그 후로는 소수서원으로 불리고 있는 서원이다.

그리고 영주시 부석면에는 신라 문무왕 16년(676년)에 의상대사가 창건한 부석사浮石寺도 있다. 부석사는 우리나라에 처음으로 화엄종華嚴宗의 문을 연 신라 시대 의상대사와 중국 선묘 낭자의 애틋한 사랑 이야기가 전해지고 있는 절이다.

부석사에는 1376년에 중수된 우리나라 제일 오래된 목조 건물인 국보 제18호 무량수전無量壽殿이 있다. 무량수전은 서방 극락정토 주재자인 아미타불阿彌陀佛을 모시는 불전으로 아미타전이라고도 한다.

그런가 하면 조선조 중기 무렵의 학자로 도가道家의 고수이자 풍수학에도 조예가 깊었던 남사고南師古는 소백산을 보고는 갑자기 말에서 내려 절을 하며 "이 산은 사람을 살리는 산이다(此活人山也)"라고 말했다. 그의 저서 《격암일고格庵逸稿》에는 "병란을 피하는 데는 소백산과 태백산이 제일"이라고 극찬을 한 산이기도 하다.

또, 《정감록》에서는 십승지 중 하나로 소백산 산자락 풍기 금계촌을 꼽는다. 금계촌은 지금의 풍기읍 금계리와 삼가리 일대를 아우르는 지역으로 보고 있다.

그러나 나는 소백산을 바람(風)의 산으로 기억한다. 나뿐만 아니라 많은 사람들이 그렇게 생각을 하는데 사시사철 바람이 많이 부는 산이기 때문일 것이다. 특히 겨울의 칼바람은 유명하여 칼바람 속을 헤매다가 길을 잃고 동사하는 사람도 종종 있는 게 소백산이다.

나는 백두대간 종주 시 겨울에 이곳을 넘었다. 지리산과 설악산에서 나름 겨울바람을 많이 겪어 봤다는 치기의 발로였다. 그러나 완전 참패였다. 연화봉을 지나 비로봉을 오를 때는 그런대로 견딜 만하던 바람이 국망봉

가는 길목에서 나를 혼내기 시작한다.

  몸을 가눌 수 없는 강풍에 연약할 수밖에 없는 나는 하나의 낙엽이 됐고, 그간 쌓여 있던 눈이 엄청난 바람에 휘날리며 안경에 달라붙으니 이것은 안경眼鏡이 아니고 설경雪鏡이다. 어쩔 수 없이 장님 아닌 장님이 돼 이리 비척, 저리 비척거리다 눈 위에 무릎을 꿇기도 서너 번. 그러나 추위와 거센 바람에 안경 벗을 생각도 잊고 비척이며 길을 걷다가 조금 정신이 들은 후에 안경을 벗으니 그 환하던 세상….

  치기와 오만만 뱃속에 가득한 나에게, 스스로 낮춤을 덕목으로 여기던 소백산 산신령이 내린 경고였다. 이 글을 쓰면서 늦게나마 조선 세종 때 서거정徐居正(1420~1488)의 시 한 수로 소백산님에게 용서를 청한다.

小白山連太白山(소백산연태백산)
逶迤百里揷雲間(위이백리삽운간)
分明劃盡東南界(분명획진동남계)
地設天成鬼破慳(지설천성귀파간)

태백산에서 이어진 소백산은
백리에 구불구불 구름사이 솟았네
뚜렷이 동남의 경계를 그어
하늘과 땅이 만든 형국 억척일세

  이화령 오르는 길은 경사도는 그리 세지 않지만 거리가 만만찮다. 끙끙거리고, 흐느적거리다가 어쩔 수 없이 자전거에서 내린다. 그리고 자전거를 끌기도 하고, 타기도 하며 비실비실 이화령에 오른다.

내가 이화령을 자전거로 오른 것은 이번이 네 번째인데, 전적戰績은 2승 2패이다. 두 번은 자전거에서 내리지도, 쉬지도 않으며 올랐으나 두 번은 끌기도 하고 쉬기도 하면서 올랐다는 이야기이다. 전적이야 어찌되었든 간에 이곳에 오르면 제일 먼저 찾는 것이 휴게소의 막걸리였는데 지금은 의자에 앉아 음료수를 홀짝이며 땅거미가 내려오고 있는 연풍 방향을 멍하니 바라본다.

그러나 술을 마시지 못함은 모두가 내 탓. 60년 가까이 얼마나 무절제하게 술을 마셨던가. 아무리 주객酒客을 사랑하는 주酒님일지라도 "너는 너무 심해" 하고 이미 서너 번의 경고를 나에게 내렸었다. 그것을 무시한 내게 주酒님이 내린 최후의 경고가 위암 초기이다. 간단한 내시경 시술로 암 부위를 도려내고 6개월에 한 번씩 주기적으로 내시경 검사만 받는 것에 감사드리며 늦게야 주(酒)님께 용서를 청한다.

"내 탓이요, 내 탓이요. 모두가 내 큰 탓이로소이다."

백두대간 스물세 번째 고개 이화령은 경북 문경시 문경읍과 충북 괴산군 연풍면 잇는 고개로 위험한 새재를 대신하여 1925년에 새로 뚫은 길이다.

그러나 이화령도 구불구불하여 위험하고 불편하다는 민원이 끊임없이 제기돼 1994년 터널 공사를 시작하여 1998년 개통하고 유료 도로로 운영한 적이 있었다. 하지만 2004년 12월에 옆으로 중부 내륙 고속도로가 뚫리면서 통행량이 급감하는 바람에 2007년에는 통행료도 폐지되었다.

옛날에는 이 고개가 험해 여러 명이 어울려서 이 고개를 넘었다고 하여 이유릿재, 이우리재 등으로 불리고, 조선 세종 때 편찬한 《고려사》 지리지地理志에는 이화현伊火峴이라는 이름으로 나온다. 《신증동국여지승람》,

《대동여지도》에도 이화현伊火峴으로 기록돼 있으나 일제 강점기인 1910년에 발행한 지리서 《조선지지자료》와 《조선지형도》에는 현재의 명칭인 이화령梨花嶺으로 돼 있다. 고개 주위에 배나무가 많아서 붙여진 이름이란다.

이화령 생태 이동 통로 위를 따라 조령산鳥嶺山(1,017m)을 넘으면 지금은 자동차나 자전거는 갈 수 없는 **백두대간 스물네 번째 고개 새재**(643m)가 나온다.

새재는 조선조 태종 때 처음 만든 길로 하늘재와 새재 사이에 있다고 해서 새(사이)재, 혹은 하늘재를 대신하는 새(新)로 만든 고개이기에 새(新)재라고도 한단다. 또, 여러해살이풀 중에 흔히들 갈대와 헷갈려 부르는 억새가 있는데 그 아종亞種으로 새(속새)라는 풀이 있다. 옛날에는 이곳에 '새'가 많아서 새재라고 하기도 했단다. 어찌 됐든 간에 새재 이름 유래에 새(鳥)를 뜻하는 것은 없다.

언제부터 새재가 鳥嶺(조령)이 됐는지는 모르겠으나, 우리나라 고개 중에는 본래의 이름이 바뀌어서 조鳥가 들어간 것들이 종종 있다. 강원도 양양군에 있는 조침령도 그중 하나이다. 옛 문헌에는 새와는 관계가 없는 曹枕嶺, 阻枕嶺, 阻沈嶺 등으로 기록돼 있으나 지금은 모두들 새도 자고 넘는다는 뜻의 鳥寢嶺으로 부르고 있다.

또, 속리산에 있는 비재는 순우리말인 '비스듬히 비탈진 고개'를 뜻하는 말인데, 아예 '날 비飛'와 '새 조鳥'를 넣은 비조령飛鳥嶺으로 바꿔, '새가 나는 고개'가 돼 버렸다. 고개를 넘는 것이 힘들어 새처럼 훨훨 날아 넘고 싶은 염원을 담아 새 조鳥를 넣었다면 그나마 이해를 하겠다. 행여나 한자漢字를 써야 유식해 보이고 잘나 보인다고 생각하는 분들의 행태가 아니었길 바랄 뿐이다.

지명 유래야 어찌 됐든 간에 새재는 1925년에 이화령이 개통되기 전까지는 영남 지방에서 소백산을 넘어 한양에 이르는 가장 가까운 지름길로 주요 교통로였으나 지금은 그 역할을 이화령에게 내주었다.

더군다나 1982년에 새재 일대가 문경새재도립공원으로 지정되면서부터는 자동차는 물론 자전거조차도 통행이 불가한, 산길을 따라 백두대간을 넘는 사람들과 관광객들만이 걸어서 드나드는 한적한 고개가 됐다.

그러나 국토교통부와 행정자치부 명의로 나온 '국토종주 자전거길 여행 인증 수첩'에는 충주 탄금대부터 시작해 이화령을 넘어 상주 상풍교까지의 100km 구간을 '새재 자전거길'이라고 이름 붙였다. 이화령 오르는 도로 바닥에도 '새재 자전거길'이라고 표시를 해 놓았다.

그런데 '새재 자전거길'이라는 명칭이 과연 타당한 것일까? 새재 근처에는 가지도 않는 자전거길이 어찌 '새재 자전거길'이 될 수 있단 말인가? 자전거길을 기획하고 명칭을 정하는 부서의 입장에서는 잘 알려지고 사람들 귀에 익숙한 명칭을 넣어 이름을 정하는 것이 여러 가지로 좋은 점이 많을 것이다.

그러나 내가 나제통문에서도 이야기했듯이 세월이 흘러 오랜 시일이 지나면 이화령이나 소조령을 보고 새재라고 이야기하지 말라는 법이 없다고도 할 수 없는 것. 여기서도 전시 행정의 단면을 보는 것 같아 한갓 늙은이는 그저 답답한 마음뿐이다.

새재 자전거길 명칭의 씁쓸함과 새재를 넘을 수 없는 아쉬움을 조선조 성종 때 문신이자 시인인 유호인俞好仁의 시 〈조령에 올라(登鳥嶺)〉로 달래며 백두대간 스물네 번째 고개 새재를 대신하는 소조령小鳥嶺(370m)으로 다운힐을 한다.

凌晨登雪嶺 (능신등설령)
春意正濛濛 (춘의정몽몽)
北望君臣隔 (북망군신격)
南來母子同 (남래모자동)
蒼茫迷宿霧 (창망미숙무)
迢遞倚層空 (초체의층공)
更欲裁書札 (갱욕재서찰)
愁邊有北鴻 (수변유북홍)

이른 새벽에 눈 내린 고개에 오르니
봄뜻이 참으로 흐릿하구나
북으로 바라보니 군신이 막혔고
남으로 오니 어미 자식이 함께하네
흐릿한 밤 지난 안개에 헷갈리고
높고 험한 층층 하늘에 기대네

다시 편지를 쓰려 하나니
시름 가에 북으로 가는 기러기 있네

이화령로를 따라 5km가량을 조심스레 다운힐을 하면 행촌 교차로이다. 좌측 길은 충북 지방 5개 하천을 도는 오천 자전거길이고 소조령은 우측으로 가야 한다.

소조령은 충북 괴산군 연풍면과 충주시 수안보면을 잇는 고개이다. 조령 서쪽에 위치한 작은 재라는 의미에서 소조령, 또는 작은새재라고 불린다. 소조령 오름길은 밋밋해 보여도 은근히 사람 진을 빼는 고개이다. 다리 힘 없는 늙은이에게는 더욱 그렇다.

그러나 내려서 끌기에도 거시기한 고개이고 날도 어두워졌기에 열심히 페달을 밟는다. 말이 잘 떠오르지 않을 때 흔히 쓰는 '거시기'라는 말을 전라도 사투리로 생각하는 사람들이 많다. 그러나 거시기는 사전에도 엄연히 올라 있는 표준어이다.

소조령을 넘으면 수안보 온천은 지척이다. 수안보 온천은 조선조 숙종이 휴양과 요양을 위하여 이곳에서 온천을 즐겼다 하여 왕의 온천이라 부르기도 했다. 《고려사》 고려 헌종 9년(1018년)조에 "상모현(지금의 수안보)에 온천이 있다"는 기록이 있을 정도로 오래된 온천이다.

한때는 우리나라 최고, 최대의 온천 지구라고 불러도 무색하지 않은 정도로 이름 날리던 수안보 온천. 그런데, 최근의 수안보 온천은 그 명성이 자꾸 퇴색되는 느낌이다. 아니, 퇴색됐다.

그러나 세상사 모든 것은 그렇게 돌고 도는 것 아니겠는가. 수안보 온천 지구에 들어오니 어둠이 짙게 깔리기 시작한다. 리몬스온천호텔에다 서둘러 잠자리를 잡고 오늘의 자전거 페달 밟기를 끝낸다.

다음날 새벽. 잠자리에서 일어나 커튼을 젖히니 비가 주룩주룩 내리고 있다. 내려오기 전에 미리 일기예보를 챙겨 보았어야 하는데 목요일에 피치 못할 약속이 있기에 급하게 서두르다 보니 이런 일이 생겼다. 어쩔 수 없이 이번 백두대간 고개 넘기는 수안보에서 끝내기로 한다. 동서울터미널 행 오전 7시 40분 버스를 예매하고 아침밥을 먹으러 식당으로 향한다.

금번 여섯 번째 백두대간 고개 넘기는 1박 2일간 아니, 1박 1일간 백두대간 고개 5개, 대간을 넘기 위해서는 거쳐야 하는 고개 3개, 모두 8개 고개를 넘었다. 어이! 늙은이! 대단해. 애마야! 너도 수고했어.

07

일곱 번째 길
107km 9시간 15분

동서울터미널 – 수안보시외버스터미널 – 지릅재 – 하늘재 – 여우목고개 – 벌재 – 진터고개 – 저수령 – 사인암 – 죽령 – 소수서원 – 고치령펜션 1박

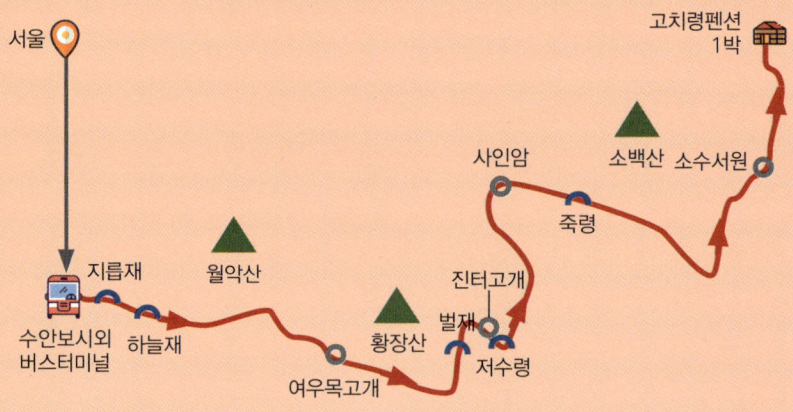

 2019년 6월 1일 토요일 새벽 5시 30분.
 백두대간 고개 넘기 일곱 번째 길을 떠나기 위해 동서울터미널로 자전거 페달을 밟는다.
 동서울터미널에서 오전 6시 40에 출발하는 수안보행 버스를 타고 수안보에 내리니 9시다. 일전에 아침을 먹었던 음식점에서 올갱이해장국을 한 그릇 먹고 하늘재를 향해서 부지런히 자전거 페달을 밟는다.
 하늘재(520m)는 월악휴게소 가기 전 안보삼거리에서 미륵송계로 쪽으로 좌회전해야 한다. 하늘재까지 거리는 12km 남짓이지만 고갯길을 가는데 어찌 오르막이 없으리오. 좌회전하여 얼마간 페달을 밟으니 오름이 나오는데, 이름이 지릅재란다. 높이가 하늘재보다도 높은 540m이다.
 일명 지름재라고도 하는데 '지름은 가깝게 질러 간다'는 뜻이다. 그러나 어디를 가깝게 질러가는지는 모르겠다. 길가에는 지릅재라는 표지판도 서 있으나 사진 찍으려고 내리기도 거시기 하기에 눈길 한 번 주고 계속 페달을 밟는다.

지릅재를 넘어 잠시 흐느적거리니 오른쪽으로 절이 하나 보인다. 대한불교조계종 제5교구 본사 법주사法住寺 말사인 세계사世界寺다. 세계사는 청주대학교 발굴조사팀에 의해 1977년에야 비로소 확인된 중원 미륵사지에 6.25 직후에 세워진 절이다.

중원 미륵사는 고려 태조 왕건王建의 조부인 작제건作帝建이 창건하였다고도 하고, 신라의 마지막 왕자 마의 태자麻衣太子가 금강산으로 들어가던 중 이곳에 절을 짓고 머물다가 갔다고도 하나, 확실한 기록은 없다. 그러나 주변에 덕주사德周寺, 덕주골 등 마의 태자 여동생 덕주 공주와 관련된 명칭들이 있는 것으로 볼 때, 이 절의 창건에는 마의 태자와 관련이 있을 것으로 추측들을 하고 있다.

또, 보물 제95호인 미륵리 오층석탑과 제96호 미륵리 석불입상, 충청북도 유형문화재 제19호 중원 미륵리 석등, 유형문화재 제33호 중원 미륵리 삼층석탑 등, 많은 문화재들이 산재되어 있는 것을 보아 당시에는 제법 규모가 큰 절이 있었던 것으로 추정된다.

세계사(중원 미륵사지)를 조금 지나니 일반 관광객들을 위한 서비스인지, 하늘재 유래가 적힌 '충주 계립령로 하늘재'라는 표지판이 서 있다.

하늘재는 여기에서 왼쪽 흙길로 들어가 2km 남짓 걸어야 한다. 차량 통행이 불가한 길이기 때문이다. 흙길이지만 평탄하기에 눈치를 보면서 슬슬 자전거를 타고 오르는데 앞에 차량 통행금지 봉이 서 있고 위에서 등산객도 내려온다.

나는 법과 질서를 지키지 않는 막무가내 꼰대라는 말은 듣지 않기를 소원하는 늙은이다. 눈 감고 아옹 하기 같지만 재빨리 자전거에서 내린다.

자전거를 끌고 얼마간 오르니 길 오른쪽에 연아 닮은 소나무라는 표지판이 있다. 충주시장과 월악산 관리사무소장 공동 명의의 표지판 뒤로는 보호수라는 소나무 한 그루가 쓸쓸하게 서 있다. 그러나 보호수라는 표지판이 무색하게 소나무는 가지 일부가 고사枯死 기미를 보이고 있다. 김연아 양이 한참 인기 절정일 때 만들어진 것 같은데 세태의 한 모습을 보는 것 같아 쓸쓸함을 금할 수 없다.

사부작사부작 자전거를 끌고 하늘재에 오르니 문경 쪽 관음리에서 차를 타고 혹은 오토바이를 타고 올라온 사람들이 꽤나 많다.

하늘재 표지석은 자전거를 들고 나무 계단을 따라 얼마간 올라가야 있기에 하늘재 공원 지킴터를 인증사진으로 대신하고 잠시 쉼 시간을 갖는다.

백두대간 스물다섯 번째 고개 하늘재(525m)는 서기 156년에 신라 8대왕 아달라이사금이 한강 유역으로 진출할 목적으로 개척한 우리나라에서 제일 오래된 고갯길이다.

처음 이름은 계립령鷄立嶺이었다.《삼국사기》제2권 〈신라본기〉에는 "아달라이사금 3년(156년) 여름 4월에 계립령鷄立嶺을 열었다"고 쓰여 있다. 고개의 사전적 정의는 '산이나 언덕을 넘어 다니도록 길이 나있는 비탈진 곳'이다. 일반적으로 고개에 길을 낼 때는 사람들이 편하게 다닐 수 있는 곳, 그중에서도 낮은 곳을 골라서 길을 낸다.

높이가 520m인 하늘재는 상주 지방의 고개들보다는 높지만 이 근처의 다른 고개들에 비하면 상대적으로 낮은 고개이기에 신라왕 아달라이사금은 하늘재에 고갯길을 열었을 것이다. 더군다나 하늘재를 넘으면 남한강 지류인 충주 송계계곡이 지척이다. 도로가 발달하지 못했던 옛날에는 수로가 교통의 주요 역할을 하였으니 하늘재를 개척하면 서해까지 배로 이동할 수 있는 거점이 될 수 있다는 중요성도 당연히 한몫했다.

그 후, 고구려와 신라의 영토 싸움이 더욱 치열해짐에 따라 하늘재는 고구려 연개소문과 온달, 신라 김유신 등이 팽팽하게 맞서던 전략적 요충지가 됐다.

고개의 역할은 머무는 곳이 아니다. 이쪽 땅에서 저쪽 땅을 이어 주는 것이다. 그래서 고개를 빼앗기면 어쩔 수 없이 이쪽 땅을 내줘야 하고, 빼앗으면 저쪽 땅을 차지하는 것이 고개에게 주어진 숙명이다. 그러나 고개는 현실과 미래를 이어 주는 정신적 역할을 하기도 한다. 그런 역할에 충실했던 고개가 바로 하늘재이다. 하늘재는 경북 문경시 관음리와 충북 충주시 미륵리를 이어 주는 고개이다.

그런데 관음觀音과 미륵彌勒이 어느 분들이신가? 불가에서는 관음보살觀音菩薩을 현세불現世佛, 미륵불彌勒佛을 미래불未來佛이라고 한다. 관음보살은 중생들이 그 이름만 열심히 불러도 현세의 고통에서 벗어날 수 있도록 도와준단다. 반면에 미래를 관장하는 부처인 미륵불은 중생들에게 미래 세상의 희망을 약속하는 부처이다. 그래서 현세의 삶이 너무나도 힘든 민초들은 열심히 관세음보살을 찾으며 현실의 고통을 잊고, 미륵불에게는 미래의 꿈을 의탁하며 살아간다.

그것을 증명하는 것이 아직도 하늘재 일대에 산재해 있는 많은 불상과 석탑, 그리고 절들일 것이다. 현세의 어려움을 관음보살에게 의탁하면서 미륵불이 주관하는 미래 세상이나 꿈꿀 수밖에 없는 민초들 삶에 안타까움을 느끼며, 백두대간 스물여섯 번째 고개 벌재를 향하여 문경 쪽으로 다운힐을 한다.

하늘재에서 벌재까지는 약27km가량이다. 그런데 이 구간이 만만한 구간이 아니다. 거리를 떠나서 중간에 있는 620m 높이의 여우목고개를 먼저 넘어야 하기 때문이다.

백두대간 고개인 이화령, 하늘재보다도 더 높은 여우목고개는 경사가 보통 12%나 되고, 그 거리 또한 만만치 않다고 하니 나는 당연히 자전거에서 내려 끌어야 할 것이다. 그러나 어찌하랴. 내가 사서 하는 고생인 것을. 애마야! 출발하자.

애마에 올라탄 나는 관음길을 따라 조심스레 다운힐을 한다. 길은 갈평삼거리에서 901번 여우목로를 따라 좌회전을 한다. 여기서 8km 정도 가면 여우목고개(620m)인데, 벌써부터 길이 서서히 고개를 든다. 얼마간 흐느적거리며 페달을 밟으니 길옆으로 여우펜션 간판이 보인다. 여우목고개가 가까워진 모양이다.

여우목고개를 오르기 직전인 문경읍 중평리 마을에는 여우목 성지가 있다. 여우목 성지는 1866년(고종 3년) 병인년에 있었던 대규모 천주교 탄압 사건인 이른바 병인박해 때 이곳에 살던 30여 명의 천주교 신자가 처형을 당한 곳이다. 1984년 교황 요한 바오로 2세가 순교한 신자들을 성인으로 시성하면서 성지로 지정됐다.

중평리를 지나서부터 고개는 더 고개를 들기 시작한다. 자전거를 끌다, 타다, 아니 거의 끌면서 힘들게 여우목고개에 오른다.

오름이 있으면 내려감은 당연한 것. 문경시 동로면 면소재지까지는 거의 내리막이다. 그러나 오름이 힘듦이면 내리막은 무서움이다. 계속 브레이크를 잡으며 다운힐을 한다.

  면소재지를 지나 적성 삼거리에서 좌회전을 하니 길은 또 고개를 들기 시작한다. 벌재 오르는 고갯길이다. 경사도도 만만치가 않다. 어느 곳은 여우목고개보다도 경사도가 더 센 것 같다.

  나는 당연히 자전거에서 내린다. 자전거를 끌며, 쉬며 1시간 가까이 오르니 생태 이동 통로가 보인다. 벌재이다.

  백두대간 스물여섯 번째 고개 벌재(625m)는 경북 문경시 동로면과 충북 단양군 대강면을 잇는 고개로 59번 국도가 지난다. 그런데 벌재라? 잘못을 하고 벌 받으러 올라오는 고개라 벌재인가?

  벌은 '붉다'의 이 지방 사투리다. 그러니 벌재는 '붉은 고개'라는 뜻인데 왜 붉은 고개로 불리는지는 모르겠다. 아마도 인근 황장산黃腸山(1,077m)에 많이 자라는, 흔히 적송赤松이라고 불리는 소나무 황장목黃腸木 때문에 이곳 일대가 붉게 보여서 벌재라 불리지 않았을까? 하고 혼자 생각해 본다.

황장산은 《동국여지승람》, 《산경표》, 《대동여지도》 등에는 작성산鵲城山으로 돼 있다. 작성산은 이 근처 제천시 금성면에 있는 신라 때 성으로 추정되는 작성산성鵲城山城과 문경시 동로면의 고려시대 명칭 작성현鵲城縣에서 유래했을 것이다.

그러다가 1918년 조선총독부에서 발행한 《조선지형도》에서는 황장산黃場山으로, 1990년대 지도에서야 지금의 황장산黃腸山이 되었다. 황장산이라는 이름은 강원도와 경상북도 지역에 많이 자라는 소나무 일종인 황장목이 황장산에서 많이 자라고 있어 붙여진 이름이란다.

황장은 나이테에 누런 송진이 많이 배어든 것을 일컫는 말인데, 갈라짐이나 뒤틀어짐이 없고 벌레 먹거나 잘 썩지도 않아서 궁궐 지을 때나 임금의 관, 배를 만드는 데 많이 쓰인다.

껍질에 붉은빛이 돌아서 일반적으로 적송赤松이라고 부르는 이 소나무가 경북 봉화군 춘양면에서 자라면 춘양목春陽木, 울진 지역에서 자라면 금강송金剛松이라고 불린다. 지역 간 교류가 많지 않았던 옛날에는 어쩔 수 없는 일이었으리라. 그러나 이제는 통일된 이름을 붙여 주는 것이 어떨까?

벌재 표지석과 생태 이동 통로를 인증 사진으로 찍고 저수령으로 향한다. 저수령은 고개가 높고 길어서 이 고개를 오르자면 저절로 머리가 숙여진다는 뜻을 가지고 있다. 이 고개는 경북 예천군 상리면과 충북 단양군 대강면을 잇는다.

업힐을 했으니 다운힐은 당연한 것. 대략 2km 정도 다운힐을 하니 삼거리가 나오는데 저수령은 우회전하여 도예로를 따라 예천 방향으로 가야 한다. 그런데 곧바로 내 아킬레스건인 오르막이 나온다. 이 동네 사람들이 진터고개(847m)라고 부르는 고개인데 지도상에도 나오지 않는 고개다.

할 수 없이 머리를 숙이고 끙끙거리며 고개를 오른다. 사람들은 언제 머리를 숙일까? 제일 자주 숙일 때가 인사를 할 때, 잘못했을 때일 것이다. 그러나 고개를 넘을 때도 너무 힘들면 머리가 숙여진다. 걸어서 고개를 넘을 때뿐만 아니라 자전거를 타고 고개를 넘을 때도 마찬가지이다. 고개를 오를 때 자전거 안장에서 일어나 춤추듯이 페달 밟는 것을 댄싱이라고 하는데, 이때는 자연스럽게 머리를 숙이고 페달을 밟는다.

그러나 나는 저수령을 오르기도 전인 이곳 진터고개에서부터 머리 숙이고 페달 밟는 것조차 포기하고 자전거에서 내려 끌기를 시작한다. 전에도 이야기했지만, '자전거 타고 백두대간 고개 넘기'가 아니고 '자전거 끌고 백두대간 넘기'이다. 그리 더운 날이 아닌데도 땀이 비 오듯 흐르니 고글은 자꾸만 뿌옇게 흐려진다. 고글도 닦을 겸 길가 응달에 애마를 눕힌다.

길가에 먼저 자리 잡은 한 무리 들풀들. 바람에 하늘거리는 모습이 예쁘다. 아니 애잔하다. 그러나 들풀은 조그마한 고개 바짝 세워 흔들며 세상을 향해 외친다. 나도 당당한 생명체라고… 그냥저냥 되는대로 흔들리며 살고 있지만 비웃지는 말라고….

들풀들아! 누가 너희들을 비웃겠니? 이 늙은이는, 바람이 불면 땅 위에 먼저 누울 줄도 아는 너희들의 그 유연함이 부럽기만 하단다. 그리고 들풀들아! 세상살이라는 것은 원래 태어날 때부터 힘든 거야. 그래서 누군가가 인생은 고해苦海라고 말하기도 했잖니. 애마야! 그만 일어나서 가자꾸나. 하얀 구름 한 조각, 하늘 위에 외롭다.

자전거를 끌고 3km가량 오르니 동물 이동 통로가 보인다. 동물 이동 통로는 일반적으로 고갯마루에 만드니 진터고개를 다 오른 모양이다. 자전거를 가랑이에 끼우고 서서 물 한 모금 마신 후 다운힐을 한다. 저수령 가는 길은 도효자로 방향으로 우회전을 해야 한다. 약한 고갯길을 따라 잠시 페달을 밟으니 폐업한 SK주유소 옆으로 단양군에서 세운 저수령 표지석이 보인다.

백두대간 스물일곱 번째 고개 저수령低首嶺(850m)이다.

2015년 국토지리정보원에서 발행한 《한국지명유래집》을 보면, 저수령은 "고개가 높고 길기에 고개를 넘던 사람들이 너무 힘들어 저절로 고개를 숙였다"라고 쓰여 있다.

그런데 저수령 표지석에는, "이 고개를 넘던 외적들이 모두 목이 잘려 죽었다"라고 새겨져 있는데 사실로는 있을 수 없는 이야기이다. 그러나 필

박할 수밖에 없는 삶 속에서 이런저런 외적들의 침략으로 더욱더 많은 고초를 겪어야 했을 민초들의 바람이 담긴 사연 같아 마음이 애잔하다.

예나 지금이나 민초들의 삶은 왜 이다지도 힘이 드는가? 부모 잘못 만난 탓인가? 사회의 구조적 모순인가? 옛날에는 개천에서 용이 나오기도 했지만, 요새는 부모 잘 만나지 못하면 결코 용이 될 수 없는 세상이다. 용은커녕 구렁이도 되기 힘들다. 결국 요즘 세상은 부모 잘 만나야 출세도 하고 돈도 잘 버는 사회의 구조적 모순이 판을 치는 세상이란 이야기이다.

갑자기 최순실 딸 정유라가 SNS에 올렸던 말이 떠오른다.

"능력 없으면 니네 부모를 원망해. 돈도 실력이야."

실력이라? 실력의 사전적 정의는 '실제로 갖추고 있는 힘이나 능력'이다. 그런데 실제로 갖추고 있는 힘이나 능력의 주체는 과연 누구인가? 당연히 그 주체는 본인이 되어야 한다. 비록 그것이 부모라 할지라도 제3자의 힘이나 능력이 실력이라 할 수는 없는 것일진대, 정유라가 말하는 돈은 과연 누구의 돈인가? 그 돈의 정당성 여부에 대해서 논하자는 것은 아니다.

돈 이야기를 하니 갑자기 골치가 아프다. 돈은 골치도 아픈 것이지만 없으면 세상살이가 곤란해지는 묘한 존재이다. 그러나 돈을 벌자고 비굴하게 머리 숙이는 짓은 하지 말자. 남을 배려하고 존중해 주기 위해서 머리 숙이는 사람이 되자. 요즈음 세간에 떠도는 정유라 등장 우스갯소리(?)나 하나 들으며 골치 아픔을 달래자.

"정유라에게 승마 배울래, 조모에게 수술 맡길래?"

골치가 더 지끈거리는 우스개인가?

다음 고개 죽령 가는 길을 확인하기 위해 네이버맵을 켠다. 되돌아서 도효자로를 따라 계속 직진하란다. 자전거를 되돌려 도효자로를 따라 계속 내려가 단양 땅으로 들어선다. 길은 시나브로 927번 지방도로인 온천로로 바뀐다.

뜬금없이 웬 온천로? 이 근처에 온천이 있나? 온천로는 경북 구미시 고아읍에서 충북 단양군 대강면을 잇는 길이 122km의 제법 긴 지방도로이다. 그 도로가 지나는 경북 의성군에 빙계 온천이라고 있는데 아마도 거기에서 온천로라는 도로명을 따온 것 같다. 거치는 시와 군만 5군데이고 길 주위에 유명한 곳도 있는데 하필 온천로라니? 의성군의 로비인가? 아니면…? 사유야 어찌 됐건 조금은 거시기한 도로명이라는 생각이 든다.

온천로로 바뀐 927번 도로를 따라 계속 페달을 밟으니 사인암삼거리이다. 죽령은 여기에서 우회전을 해야 하지만 왼쪽 길로 잠시만 들어가면 단양팔경丹陽八景 중 하나인 사인암舍人巖이 있다. 단양은 예로부터 단양팔경을 비롯해 산수가 아름답기로 유명한 고장이다.

특히 금강산 해금강을 연상케 하는 수직의 바위 사인암은 단원 김홍도조차 열흘 동안이나 그림 그리기를 망설이며 노심초사했을 정도로 아름다운 석벽이다. 추사 김정희도 사인암을 보고 "속된 정과 평범한 느낌이라고는 터럭만큼도 없다(俗情凡韻一毫無)"며 하늘이 내린 그림이라고 경탄했단다.

이곳 단양 출신 고려 후기 학자 역동易東 우탁禹倬(1263~1342) 선생이 아래와 같이 사인암을 노래한 시가 아직도 바위에 남아 있다는 사인암이다. 그냥 지나칠 수는 없다. 핸들을 왼쪽으로 꺾어 사인암으로 향한다.

卓爾弗群(탁이불군)
確乎不拔(확호불발)
獨立不懼(독립불구)
遯世無憫(둔세무민)

뛰어난 것은 무리에 비할 바가 아니나
확실하게 빼어나지도 못했도다
홀로 서도 두려울 것 없고
세상에 은둔하여 근심도 없노라

 그런데, "확실하게 빼어나지도 못했도다(確乎不拔)"라는 둘째 시구詩句가 참으로 멋지다. 본래 큰 덕(大德)은 스스로를 낮추는 법. 인위적으로 예쁘게 다듬고 꾸미지 않기에 자연스럽다. 그래서 무엇인가 어설프고 서툴러 보인다. 노자老子는 그것을 대성약결大成若缺이라고 했다. '완전히 이루어진 것은 모자란 듯하다'는 뜻이다. 역동 선생의 비유, 참으로 절묘하다.

사인암에 도착해 역동 선생의 시를 찾으려고 여기저기 둘러보았으나 시가 보이지를 않는다. 마침 관광 안내 해설소가 있기에 그곳 해설사에게 물으니 옆에 보이는 청련사로 들어가면 역동 선생 시가 사인암 근처 바위에 새겨져 있단다. 청련사 경내로 들어가 사인암 근처에 가 보니, 바위에 새겨진 시는 역동 선생이 늙음을 탄식하며 지은 시조 〈탄로가歎老歌〉를 1995년도에 새겨 놓은 것이다.

혹시나 하고 주위를 열심히 둘러보았으나 역동 선생이 사인암을 노래한 시는 끝내 찾지 못하겠다. 아쉬운 마음을 억누르고 사인암을 나와 역동 선생이 사인암을 찬미한 시 대신 〈탄로가〉를 읊조리면서 죽령으로 향한다. 그러고 보니 나는 〈탄로가〉나 읊조려야 하는 나이이긴 하다.

한 손에 막대 잡고
또 한 손에 가시 쥐고
늙는 길 가시로 막고
오는 백발 막대로 치려터니
백발이 제 먼저 알고 지름길로 오더라

죽령 가는 길은 잔잔하지만 오르막의 계속이다. 흐느적흐느적 자전거 페달을 밟으며 죽령으로 향한다. 로드 자전거를 탄 젊은이 둘이 댄싱을 하며 나를 추월한다. 그들에게 "파이팅" 한마디 외쳐 주고 잠시 오르다가 나는 결국 자전거에서 내린다.

자전거를 끌고 사부작거리며 죽령을 오르니 넓은 주차장에는 차가 거의 찼다.

이곳에서 천문대를 거쳐 소백산을 오르거나 내려올 때마다 거의 들르던 주막집에도 술 마시는 사람들의 왁자지껄함으로 소란스럽다. 그러나 나에게는 그림의 떡이다. 카메라를 들고 이곳저곳 기웃거리다가 적당한 곳에 주저앉아 물을 마시며 쉴 시간을 갖는다.

백두대간 스물여덟 번째 고개 죽령竹嶺(689m)은 충북 단양군 대강면과 경북 영주시 풍기읍을 잇는 고개로 5번 국도가 지난다.

'죽령옛길'이라는 탐방로로 바뀐 본래의 죽령고갯길은 문경 새재, 영동 추풍령과 함께 영남과 기호 지방을 오가는 중요 도로였으나 지금은 차들은 오가지 못하고 탐방객들만 오가는 추억 속의 길로 바뀌었다. 또한 현재의 죽령고갯길도 죽령 터널을 통과하는 중앙 고속도로가 1995년에 뚫리면서 과거의 명성이 많이 퇴색됐다.

그러나 죽령고갯길은 하늘재에 이어서 우리나라에서 두 번째로 뚫린 오래된 고갯길이다. 《삼국사기》에 "아달라이사금 5년(158년) 3월에 죽령길이 열리다"라는 기록이 처음 나오며 《대동지지》, 《동국여지승람》에도 신라 아달라왕 5년(158년)에 죽죽竹竹이 개설했다고 수록돼 있다.

《삼국유사》에도 죽령에 관한 이야기가 전해진다. 〈모죽지랑가慕竹旨郞歌〉

가 그것이다. 〈모죽지랑가〉는 신라 28대 진덕여왕(재위 647~654) 때 화랑 죽지랑의 낭도郎徒 득오곡이 죽지랑을 그리워하며 지었다는 향가鄕歌로, 일명 〈득오곡모랑가得烏谷慕郎歌〉라고도 한다. 간단한 내용은 아래와 같다.

　술종공이라는 대신이 삭주(춘천)의 도독이 되어 임지로 가던 중 지금의 죽령으로 추정되는 죽지령에서 한 거사가 고갯길을 가다듬는 것을 보고 크게 감동을 받았다. 한 달 후에 그 거사가 죽어 술종공의 아들로 환생해서 이름을 죽지竹늡라고 했다는 이야기이다.

　또, 어느 도승이 죽령이 너무 가팔라 대지팡이(竹杖)를 짚고 오르다가 고갯마루에 이르러 지팡이를 꽂은 것이 살아나 죽령이라고 불린다는 전설도 있다. 그 외에도 단양군 대강면 용부원리 죽령 산신당에서 열리는 죽령 산신제에 얽힌 다자구 할머니 이야기 등, 오래된 고개답게 이야기도 많은 고개이다.

　죽령 또한 고구려와 신라의 격전장이었다. 고구려가 죽령을 차지한 것은 장수왕 말년인 서기 470년경이었고, 신라 진흥왕 12년(서기 551년) 거칠부 등이 고구려를 공략, 죽령 이북 10개 고을을 다시 빼앗았다.

　그 후 40년 뒤인 고구려 영양왕瓔陽王 1년(서기 590년) 고구려 장군 온달 溫達이 "죽령 이북의 잃은 땅을 찾지 못하면 돌아오지 않겠다"며 죽령으로 출정하는 기록이 《삼국사기》에 남아 있다.

　충북 단양에는 고구려 산성으로 추정되는 온달산성이 있는데, 여기에서 온달이 전사했다는 이야기가 지금도 이 지방에서는 전해지고 있다. 그러나 서울 광진구와 경기 구리시 사이에 걸쳐 있는 아차산峨嵯山도 온달이 전사한 곳이라고 흔히들 이야기를 한다. 아무려나, 나는 내 갈 길이나 가련다.

다음 고개는 고치古峙(760m)이다. 흔히들 고치령古峙嶺이라고 부르는 곳으로 백두대간 스물아홉 번째 고개이다. 앞에서도 이야기 했지만, 우리나라 고개 중에는 고개를 뜻하는 '령嶺, 재岾, 치峙, 티'라는 말이 중복되는 지명이 많다.

별것 아닌 것 같고 괜한 트집이라고 생각할 수도 있겠지만 이왕이면 고개가 중복되지 않는 지명으로 통일됐으면 한다. 그래서 고치령古峙嶺보다는 고치古峙라고 부름이 당연하다.

죽령에서 고치까지는 대략 38km이다. 비록 풍기까지 11km가량은 계속 내리막이지만 38km 거리는 힘이 거의 빠진 나에게는 만만한 거리가 아니다. 소백산 오르는 길목인 왼쪽 시멘트 길로는 눈길 한 번 주고 5번 국도를 따라 조심스레 다운힐을 하여 인삼의 고장 풍기읍에 다다른다.

풍기읍에 들어와 오늘 잠자리로 예약한 고치 근처의 고치령펜션 사장에게 전화를 하니 저녁밥은 먹고 들어오란다. 근처 음식점에서 풍기 별미라는 인삼갈비탕 한 그릇을 먹고 931번 지방로인 소백로를 얼마간 따르니 우리나라 최초 사액서원賜額書院인 소수서원이 오른쪽으로 보인다.

소수서원의 전신은 중종 38년(1543년) 풍기 군수로 있던 주세붕이 평소 흠모하던 고려 말 학자 안향을 기리고자 세운 백운동서원白雲洞書院이다. 그 후, 1550년(명종 5년)에 퇴계 이황이 풍기 군수로 있으면서 명종에게 사액賜額을 요청하여 명종에게 소수서원紹修書院이라는 편액扁額을 받아 우리나라 최초 사액서원이 됐다.

소수서원을 들러야 함이 당연한 내 도리이나 시간도 늦었고 서원에는 자전거를 갖고 입장할 수도 없기에, 어쩔 수 없다는 핑계를 대며 눈길 한 번 주고 계속 페달을 밟는다.

　나는 유학을 건학 이념으로 하는 대학을 졸업하고 그곳에서 30년 동안 어물거리다 나왔지만 조선 시대 통치 이념이던 주자학朱子學(성리학)은 별로 좋아하지 않는다. 지금 우리가 흔히 이야기하는 유학儒學(유교)은 주자학을 말하는 것으로 공자와 맹자가 지향했던 실천주의 유학과는 다소 차이가 있다.

　유학을 발전사학적發展史學的으로 볼 때 공자와 맹자를 본원本源으로 한 일명 원시유학原始儒學, 한당漢唐 시대의 훈고학訓詁學, 송宋나라 때 주희朱熹가 주창한 주자학(성리학), 그리고 청나라 때 고증학考證學 등으로 나눌 수 있다.

　공맹(孔孟)의 원시유학이 실천을 주요 덕목으로 여긴 데 비해 주자학은 나름의 규범에 따른 위계질서를 중요시했기에 위정자와 지배 계층 입맛에 맞았을 것이다. 그래서 조선도 건국과 동시에 유학(주자학)을 나라의 통치 이념으로 삼았으니, 중·고등학교 역사 교과서에도 나와 있는 조선 국시國是 중 하나인 숭유억불崇儒抑佛이 그것이다.

　그 후, 조선 지배 계층인 사대부와 양반들은 그들의 지위를 더욱 공고히 하기 위해 주자학을 그들 입맛에 맞게 변색해 간다. 반대파를 음해, 비난하여 제거하기 위해 많이 쓰이던 사문난적斯文亂賊도 그중 하나이다. "유교, 특히 성리학에서 교리를 어지럽히고 그 사상에 어긋나는 말이나 행동을 하는 사람을 이르는 말." 사문난적斯文亂賊의 국어사전 뜻풀이다.

　이와 같이 사대부와 양반들이 자기들의 명예와 부귀를 위해 유학을 변질시켜 가면서 상대를 음해하고 죄 없는 민초들조차 박해한 조선 시대 주자학이 지금 우리가 알고 있는 유학이고 유교이다. 하루빨리 허례와 허식, 그리고 일부 특수층만을 위한 조선 시대 주자학의 틀에서 벗어나 공자와 맹자가 주창하던 실천주의 유학으로 돌아가기를 기원해 본다.

  단산저수지를 지나니 길은 조금씩 고개를 치켜세운다. 힘도 다 빠진 상태이고 시각도 오후 7시를 넘어가고 있으나, 오늘 잠자리로 예약한 고치령펜션이 얼마 남지 않았기에 마지막 힘을 다 짜내며 끙끙, 흐느적거리며 열심히 페달을 밟는다. 고치령펜션에 도착하니 8시가 다 됐다.
  오늘도 백두대간 고개 4개와 거쳐야 하는 고개 2개, 모두 6개 고개를 별 탈 없이 넘은 것을 감사하게 생각하며 녹초가 된 몸을 펜션 방에 누인다. 애마야! 고맙다.

08

여덟 번째 길
115km 10시간 42분

고치령펜션 – 고치 – 마구령 – 늦은목이(통과) – 오전약수 – 주실령 – 도래기재(통과) – 둘째내리고개 – 첫째내리고개 – 상동읍 – 화방재 – 태백버스터미널 – 동서울터미널

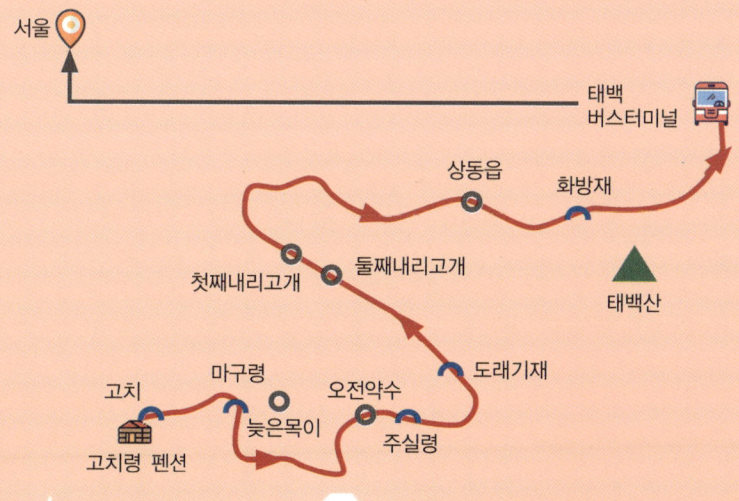

다음날 새벽 4시에 펜션을 나와 고치로 출발한다. 그러나 마음은 심란하기만 하다. 오늘 중으로 태백산 들머리인 화방재까지는 가야 태백시로 내려가 버스를 타고 서울로 올라갈 수 있는데, 오늘 일정이 백두대간 고개 넘기 중 제일 힘든 구간일 수도 있기 때문이다.

고치로 가는 길은 처음부터 힘하다. 오르막도 보통이 아니다. 이런 길에서 자전거를 탄다는 것은 나에게는 저쪽 세상 이야기이다. 더군다나 지금은 사방천지가 깜깜한 새벽이다. 깜깜한 산길을 전조등 불빛에 의지하며 끙끙거리며 자전거를 한참 동안 끄니 전조등 불빛 오른쪽으로 산신(령)각이 보인다. 고치이다.

백두대간 스물아홉 번째 고개 고치古峙(760m)는 죽령을 지나 동북으로 흐르던 소백산 줄기가 동쪽으로 방향을 틀어 처음 만나는 큰 고개로 경북 영주시 단산면 좌석리와 마락리를 잇는다.

고치에는 작은 아버지 수양대군에게 왕위를 찬탈당하고 끝내는 죽임까지 당한 단종과 그를 다시 왕위에 복위시키려다 같이 죽은 또 다른 작은아버지 금성대군의 슬픈 이야기가 서려 있다.

고치가 단종과 인연을 맺은 것은 수양대군 동생이자 단종 숙부인 금성대군을 통해서다. 세종은 정비 소헌왕후 심씨와의 사이에 8남 2녀를 두었다. 장남이 왕이 된 지 2년 만에 죽은 5대 문종이고, 둘째가 단종을 폐위시키고 왕에 오른 수양대군 세조, 금성대군은 여섯째 아들이다.

춘원 이광수 소설 《단종애사》를 통해 그 당시 이야기를 잠시 엿보자.

1455년 6월, 금성대군은 형 수양대군의 왕위 찬탈에 반대하다 고치를 품은 땅 순흥에 유배당한다. 2년 후인 1457년에는 단종도 영월로 유배되자 금성대군은 순흥도호부사 이보흠의 도움을 받아 단종 복위를 꾀하며 영월로 단종을 찾아가 자신의 뜻을 알리도록 한다. 단종 복위를 꾀하던 사람들은 고치를 넘을 때마다 의로움을 다시 세울 것을 다짐하면서 결의를 다진다.

그러나 그러한 사실이 수양대군(세조)에게 알려져 이들은 모두 죽임을 당하고 순흥도호부도 인근 군현郡縣으로 쪼개져 분산되었다가 200년이 훨씬 지난 1683년(숙종 9년)에야 옛 이름을 다시 찾았다. 역사는 이 사건을 정축지변丁丑之變이라고 기록하고 있다.

자전거 전조등을 밝히고 고치 표지석 인증 사진을 찍는데 표지석과 나란히 서 있는 누에 형상으로 보일 수도 있는 석조물이 영 마음에 들지 않는다. 행여나 세월이 한참 흐른 뒤에 고치古峙의 이름이 누에고치에서 유래 됐다는 이야기가 나오지 않기만을 바라며 오른쪽에 있는 산령각山靈閣으로 발걸음을 옮긴다.

 산령각 안에는 가운데에 호랑이를 거느린 산신령이 계시고 산신령과 함께 단종과 금성대군도 모셔져 있기에 메 그릇 3개와 술잔이 놓여 있다던데 산령각 문은 굳게 닫혀 있다. 메는 제사 때 신위(神位) 앞에 놓는 밥을 말한다.
 산령각 안을 보는 것은 포기하고 산령각 사진을 찍는다. 산령각 기둥 왼쪽에는 '차산국내지령지성此山局內至靈至聖'이라고 쓰여 있고, 오른쪽에는 '만덕고승성개한적萬德高勝性皆閒寂'이라고 쓰여 있다. '이 산의 모든 영역이 지극하게 신령스럽고 성스러웠으면 좋겠고, 수만 가지 덕이 높고 번성해서 모든 사람의 본성이 여유롭고 고요하기를 바란다'는 뜻이겠다.
 이 산령각은 옛날에 이곳 고치와 마구령을 넘던 민초들이 험한 고개들을 무사히 넘어갈 수 있기를 기원하던 곳이기도 했다. 마구령은 곧 내가 넘을 고개다.

고치 너머에 있는 마을 이름이 마락리馬落里이다. 우리말로 풀면 말이 굴러 떨어진 마을이다. 얼마나 많은 말과 말몰이꾼들이 고치와 다음 고개인 마구령을 넘다가 굴러 떨어졌으면 그런 이름이 붙었을까? 가자 애마야! 말이 굴러 떨어질 정도로 험하다는 마구령으로….

고치를 잠시 내려오니 왼쪽으로 샘이 하나 보인다. 여우샘이라는 표석까지 있다. 물 한 바가지를 받아서 마시니 달고 시원하다. 물통의 물을 버리고 샘물을 담은 후 자전거에 오른다.

길은 서서히 힘해진다. 더군다나 비포장도로도 있다. 명색이 국가 지정 도로로 영단로榮丹路라는 도로명까지 있는데 아직도 비포장이라니…. 구시렁거리며 한참 페달을 밟아 의풍보건진료소를 지나니 길은 영부로永浮路와 만나며 우회전한다.

탄탄대로인 영부로를 따라 잔잔한 오르막도 오르내리며 페달을 밟다 보니 주막거리 캠프촌이다. 힘도 들고 목도 마르기에 자전거에서 내려 길가에 주저앉아 물통을 꺼낸다. 이곳은 예전에 마구령을 넘어 오가던 행상과 말몰이꾼들이 한숨 돌리며 막걸리 잔을 건네기도 하고 자고 가기도 하던 주막이 있던 곳이리라.

 그런데 건너편에 늦은목이 3.6km라는 표지목과 함께 오르는 나무 계단이 보인다. 웬 늦은목이 표시목? 물론 표지목 서 있는 길은 백두대간을 걸어서 오르는 곳이겠지만 내가 사전에 조사한 코스에 의하면 늦은목이는 물야저수지 부근 생달마을 근처에서 오르게 돼 있었기 때문이다.
 무엇이 잘못됐을까 하고, 물을 마시며 네이버맵을 켜서 늦은목이 오르는 길을 확인하니 자전거를 타고 오른다면 생달마을 근처로 오르는 것이 맞다. 그러나 길이 험해 자전거로 오르는 것은 엄청 힘들단다. 그러고 보니 선답자들 글에도 자전거를 타고 늦은목이를 오른 사람들은 거의 없었다. 오른 사람도 고생했다는 이야기뿐이다.

 결론적으로 늦은목이 자전거를 타고 오르기에는 무리인 코스다. 할 수 없이 늦은목이는 코스에서 제외하기로 마음먹고 자전거에 올라 마구령으로 향한다. 마구령 오르는 길은 서서히 고개를 드는데 오르막이 심상치 않다. 아마도 이곳부터 마구령 정상까지는 계속 오르막이리라. 나는 내 주특기를 발휘하여 얼른 자전거에서 내린다.

자전거를 끌고 흐느적거리며 오르는 길에는 반사 거울도 가끔 보인다. 그만큼 길이 험하다는 이야기이다. 거의 다 올라왔다고 생각되는 지점에 거울이 또 하나 있기에 카메라를 꺼내 성삼재부터 고생을 함께한 애마와 거울 앞에 서서 사진 한 장을 찍는다.

사진을 찍고 잠시 오르니 **백두대간 서른 번째 고개 마구령**馬驅嶺(820m)이다.

마구령은 장사꾼들이 말을 몰고 넘나들던 고개이기에 마구령, 혹은 군사들이 말을 타고 넘었다고 하여 마군령이라고도 불렸다. 《산경표》에는 마아산, 《대동여지도》에는 마아령馬兒嶺이라고 기록돼 있는 이 고개를 현지 주민들은 매기재라고 부른다. 경사가 심한 이 고개를 넘는 것이 논을 매는 것처럼 힘들기 때문이란다.

인증 사진 한 장 찍고 오전약수로 가기 위해 곧바로 자전거에 오른다.

이런! 마구령 내려가는 길은 처음부터 경사도가 장난이 아니다. 노면 상태도 좋은 편이 아니고 계속 꾸불거리는 길 한편으로는 낭떠러지가 제법 깊다. 어떤 구간은 브레이크를 두 개 다 잡아도 자전거가 슬슬 밀린다.

세상에 이런 길도 있다니… 지금보다 길도 좁고 여러 가지 여건도 좋지 않았을 예전에는 정말 낭떠러지로 말이 굴러 떨어질 수도 있었겠다는 생각이 저절로 드는 내리막이다. 마구령은, 오를 때는 육체를 힘들게 하더니 내려가면서는 정신을 피로하게 만드는 고개다. 자전거 타고 백두대간 고개를 넘는 사람들이 왜 이 고개를 한국의 차마고도茶馬古道라고 부르는지 그 이유를 알겠다.

영부로를 따라 한참 동안 다운힐을 한 후 영주사과홍보관을 오른쪽으로 바라보며 부석사로를 따라 왼쪽으로 자전거 핸들을 꺾는다. 잠시 페달을 밟으니 앞으로 부석사 들어가는 길이 보인다.

부석사는 우리나라 화엄종을 처음 연 의상대사와 중국 선묘 낭자의 애틋한 이야기가 깃들어 있는 절이다. 가 본 지도 오래됐기에 한 번 들르고 싶으나 마음 바쁜 나는 오른쪽 소백로 방향으로 자전거 핸들을 꺾는다.

길은 평탄하다. 모처럼 신나게 페달을 밟으며 물야저수지 근처에 오니 잔잔하지만 길은 다시 오르막으로 바뀐다. 물야저수지를 끼고 왼쪽으로 난 길은 생달마을을 거쳐 늦은목이로 오르는 길이다. 그러나 늦은목이 오름은 포기했기에 생달마을 쪽으로는 아쉬운 눈길 한 번 주고 오전약수를 향해 계속 자전거 페달을 밟는다.

어느덧 길은 태백산 구간으로 접어들었다.

태백산太白山(1,567m)은 강원도 도립공원이었으나 2016년에 우리나라 22번째 국립공원으로 지정되었다. 전체 면적은 70여 km²이며 천제단이 있는 영봉(1,560m)을 중심으로 북쪽에는 최고봉인 장군봉(1,567m), 동쪽에 문수봉(1,517m), 백두대간 길목인 부쇠봉(1,546m) 등으로 이뤄져 있다.

태백산은 겨울 눈꽃 산행으로도 유명한 우리나라 명산이다. 그러나 태백산은 명산이기 이전에 우리 민족의 영산靈山이다. 그래서 태백산에는 우리 민족의 시조로 일컫는 단군檀君 이야기가 깃들어 있으며《삼국유사》를 비롯한 여러 사서史書에도 단군 이야기와 더불어 태백산이 기록돼 있다.

태백산의 한자 이름을 풀이하면 크고 하얀 산이 되며, 우리말로는 한ㅂᆞ리뫼가 된다. '한'은 왕, 절대자, 진리, 크다, 넓다, 하나(一) 등으로 풀이되며, 'ㅂᆞ리'은 밝다(光), 희다(白)의 뜻으로 해석되니 태백산은 가히 하나의 작은 우주를 일컫는다 할 수 있겠다.

그래서 태백산이라는 명칭은 어느 특정 지역, 특정 산에만 한정돼 있는 고유 명사가 아니다. 태백산은 동양의 인류 문화 발상지를 따라 옮겨 다니는 성스러운 산이라는 일반 명사의 성격을 갖고 있다.

우리나라 건국 이야기에서, 환인의 아들 환웅이 세상에 내려와 신시神市를 건설하고 '널리 인간을 이롭게 한다'는 홍익인간弘益人間 이념을 구현했던 곳인 태백산도 지금의 백두산이라고 이야기들 한다. 또, 《삼국유사》에는 묘향산妙香山이 태백산이라고 기록돼 있기도 하다.

이처럼 태백산은 우리 민족에게도 역사적·문화적으로 신성한 의미와 특수한 기능을 가진 성스러운 산에 대한 일반적 명칭이다. 그래서 태백산에는 지금도 사람들이 모여서 하늘의 천왕에게 제사를 올리는 천왕단天王壇이 있다. 흔히들 천제단이라고 부르는 곳인데 매년 10월 3일 개천절에 이곳에서 지내는 제사를 천제 또는 천왕제라고 한다.

천왕단天王壇을 중심으로 북쪽에 있는 태백산 최고봉인 장군봉에는 장군단將軍檀이, 남쪽 언덕 아래에는 하단下壇이 있다. 또한 무속巫俗에서도 태백산을 신령스러운 산으로 여기기기에 태백산 일대에서는 지금도 각종 무속 행사가 가끔씩 벌어지고는 한다.

나 또한 태백산에 대한 추억이 없을 수가 없다. 수를 헤아릴 수 없을 정도로 많다. 특히나 철쭉꽃 피는 6월, 또는 주목에 눈꽃이나 상고대가 매달리는 겨울에는 잘 찍지도 못하는 사진 장비 둘러메고 올라가 천제단 아래 망경사 요사채에서 처사들, 보살들이랑 밥도 같이 먹으며 며칠씩 뒹굴기도 하던 곳이다.

어느 해 겨울에는 사진 찍으러 같이 다니던 직장 동료 두 명이랑 20kg이 훨씬 넘는 사진 장비를 둘러메고 유일사 주차장에서 출발하여 장군봉 근처까지 왔다. 그런데 작은 돌들까지 이리저리 날아다닐 정도로 바람이 세게 불어 도저히 걸을 수가 없었다. 어쩔 수 없이 엉금엉금 기며 각자도생하여 나중에 망경사 요사채에서 다시 만난 적도 있다.

이렇게 이런저런 추억이 많은 태백산을 20년이 다 되어 가는 2019년 올 겨울 어느 날, 자전거 같이 타는 카페 회원들이랑 자전거가 아닌 배낭을 메고 올라와 망경사에 들렀다. 옛날에 친하게 지내던 처사와 보살들은 한 사람도 보이지 않는다. 내가 무심했던 건가? 세월의 흐름이 무심한 건가?

오르기를 포기한 **백두대간 서른한 번째 고개이자 태백산 구간 첫 고개인 늦은목이**(800m)는 경북 영주시 부석면과 봉화군 물야면 경계에 있는 고개이다.

늦은목이의 '늦은'은 느슨하다, '목이'는 노루목, 허리목 같은 고개를 뜻하는 말로 느슨한 고개 또는 낮은 고개라 할 수 있다. 그러나 실제로는 자전거로 오를 수 없는 험한 고개이다.

문수로를 따라 흐느적거리며 얼마간 페달을 밟으니 왼쪽으로 '외씨버선길 봉화객주'라고 쓰여 있는 외씨버선길 안내소가 보인다. 외씨버선길은 청송, 영양, 봉화, 영월의 4개 지자체가 2015년 5월부터 같이 만든 트레킹 길이다. 강원도 영월부터 경북 청송까지 13개 구간의 길로 돼 있으며 총 거리는 240km이다.

길 모양이 조지훈 선생의 시 〈승무〉의 외씨버선을 닮았다고 해서 외씨버선길이라고 하는데, 제10길인 탕수탕길에 오전약수가 포함돼 있다. 외씨버선길 봉화객주를 지나면 오전약수는 지척이다.

오전약수가 있는 마을을 예전에는 쑥밭이란 뜻의 애전艾田으로 불렀단다. 쑥밭이라는 이름의 유래에는 두 가지 설이 있다.

하나는 이 지역이 물이 합수하는 지역이라 하천이 범람하여 항상 늪지대였기에 수전水田이라 하였는데, 다른 말로 쑤뱅이라 불리다가 쑥밭으로 변했다는 설과, 이곳 약수가 피부병에 효험이 있다고 하여 문둥병 환자들이 약수를 먹고 몸을 씻은 다음에 이 지역에 있는 쑥으로 피부에 뜸을 뜨고 달여서 먹기도 하여 병을 고쳤다하여 쑥밭이라 불리었단다.

조선 제9대 성종(1469~1494) 때 발견된 이 약수는 탄산 성분이 많아 톡 쏘는 맛이 일품이며 마그네슘 이온, 칼슘 이온, 철분 등이 있어 위장병과 피부병에 좋다고 한다. 탄산 맛이 강한 오전약수를 한 잔 마시고 사진 두어 장 찍은 후, **백두대간 서른두 번째 고개 주실령**(780m)으로 향한다.

주실령 오르는 길은 처음부터 절벽이다. 그냥 오르기에도 벅찬 고개를 허덕거리며 자전거를 끌고 힘들게 오르니 주실령이라고 표기된 도로 안내판 하나가 외롭게 서 있다.

전설에 의하면 옛날에는 이곳까지 물이 차 있어 배가 다니던 고개라 하여 '배 주舟'를 써서 주실령이라고 부른다고 하지만, 나는 '글쎄?'라는 생각만 든다.

주실령 도로 안내 표지판 사진을 찍고 **백두대간 서른세 번째 고개 도래기재**(道力峴/770m)를 향해 918번 도로 문수로를 따라 다운힐을 한다.

문수로를 따라 얼마간 다운힐을 하니 서벽삼거리가 나오며 오른쪽으로는 백두대간수목원이 넓게 자리 잡고 있다. 여기에서 서벽은 좌회전을 해야 한다. 서벽은 경북 봉화군 춘양면 서벽리를 이르는 말인데 마을 서쪽을 높은 산이 벽처럼 가로막고 있어서 붙은 이름이란다.

길은 당연히 오르막으로 바뀌지만 경사도가 센 편은 아니다. 그러나 내 몸에서는 슬슬 힘 빠지는 소리가 들린다. 새벽 4시부터 9시가 다 된 지금까지 난이도가 센 고개 3개를 넘어 50km 넘게 달려오는 동안, 먹은 것이라고는 이른 새벽에 먹은 초코파이와 초콜릿 하나 그리고 중간에 먹은 파워 젤 한 봉뿐이니 배가 고프기도 하다.

어쩔 수 없이 백두대간 고개를 넘으면서 터득한 내 장기長技인 끌다, 타다를 반복하며 아니 대부분 끌기를 하며 도래기재를 향하는데 앞으로 생태 이동 터널이 보인다. 생태 이동 터널은 보통 백두대간상에 있는 고개에 많이 만드는데 이곳에 왜 생태 이동 터널이 있을까?

그러나 나는 힘이 다 빠진 상태이기에 이런저런 생각을 하는 것이 귀찮기만 하다. 그저 고개를 올라온 것만으로도 고마워하며 파워 젤 하나를 쪽쪽거린 후 그냥 자전거에 올라 다운힐을 한다.

브레이크를 잡으며 조심스럽게 다운힐을 하는데 자그마한 뱀 한 마리가 꿈틀거리며 길을 가로지른다. 아니 갈 곳을 잃었는지 비틀거리며 허둥댄다. 전 같으면 징그럽고 무섭다고 얼른 피하며 지나쳤을 텐데 지금은 괜히 짠한 마음이 든다.

지금 내 마음과 몸이 허하고 여린 상태이기도 하지만, 나이가 들어 가면서는 사람뿐만 아니라 세상 모든 것들과도 더불어 살아감이 참 세상살이라는 생각이 들기 때문이다.

불교경전 금강경金剛經에서는 "내법은 평등해 높고 낮음이 없다(是法平等, 無有高下)"고 말한다. "하늘과 땅은 뿌리가 같고, 세상 만물은 하나다(天

地同근根, 萬物一切)"라고도 한다. 바로 이러한 생각들이 보리심菩提心이며 보리심은 차별 없는 마음이다.

또, 장자莊子가 〈제물론齊物論〉 32장 '나비의 꿈(蝴蝶夢)'에서 이야기하고자 한 것은 무엇일까? 나비가 장자도 되고, 장자가 나비도 될 수 있다? 금강경에서 말한 하늘과 땅은 뿌리가 같고, 세상 만물은 하나라는 말과 무엇이 다른가?

그렇다. 세상 만물은 모두가 둘이 아니고 하나이다. 서로 다른 것처럼 보여도 근본은 하나인 불이不二이다. 그래서 만물이 두루 평등한 세상으로 들어가려면 모든 게 하나 되는 불이문不二門을 먼저 통과해야 하는 것이다.

이제 아집과 독선, 자기중심주의와 오만의 꿈에서 깨어나자. 그리고 관용과 넓은 아량, 조화와 협력을 바탕으로 한 평등 세상이 펼쳐지는 불이문으로 들어가자. 거기에서 부처도 만나 보고, 공자, 맹자, 노자, 장자, 소크라테스, 예수도 만나 보자. 그리고 나비, 뱀들과도 더불어 노닐며 평등 세상을 노래하자.

얼마 간 다운힐을 하니 우구치牛口峙마을이다. 소입고개라는 뜻일 터인데 서울내기인 나는 소입이 어떻게 생겼는지는 모른다. 그저 계곡가 움푹 들어간 마을쯤으로 생각하며 조금 더 내려가니 우구치휴게소가 보인다.

자전거에서 내려 한구석에 앉아 물과 초코파이, 초콜릿을 먹으며 잠시 휴식 시간을 갖는다. 그리고 혹시나 서벽 정상에 있던 생태 이동 터널이 도래기재 아닌가 하고 검색해 보니 생태 이동 통로에서 옆으로 조금만 들어가면 백두대간 서른세 번째 고개 도래기재(749m)였다.

오늘은 고개를 2개나 놓쳤다. 물론 늦은목이는 자의적으로 넘지 아니했으나 도래기재는 힘 빠짐에 따른 방심으로 놓친 것이다. 앞으로도 이런 힘듦이 많이 있을 터인데 그럴 때마다 어찌 대처해야 하나 하는 생각이 엄습한다. 그러나 이미 30개 이상의 고개를 넘어왔으니 이제 와서 어쩌랴? 막말로 죽기 아니면 까무러치기라고 마음을 다지며 다시 자전거에 오른다.

얼마간 흐느적거리며 페달을 밟는데 갑자기 고개가 나타난다. 아마도 내리고개인 모양이다. 조사한 자료에 의하면 내리고개는 첫째내리고개와 둘째내리고개가 있는데 첫째내리고개는 난이도가 굉장히 세단다.

어찌 됐든 앞에 보이는 고개를 정말로 힘들게 끌다, 타다를 반복하며, 또 오르막 경사도가 심한 곳에서는 길가에 주저앉아 숨을 고르기도 하면서 오랫동안 정신없이 오르내린다.

갑자기 앞으로 어마어마한 내리막이 나타난다. 흔히 말하는 헤어핀도 장난이 아니다. 잠시 숨을 고르고 정신을 바짝 차리고 다운힐을 시작했지만, 이미 정신과 육체 모두를 탈탈 털린 나는 정신도 혼미해지고 손과 발에서는 쥐까지 나기 시작한다. 정말로 정신 하나 없이 고개를 다 내려오니 나도 모르게 안도의 한숨이 절로 나온다.

아마도 이 고개가 선답자들도 고개를 흔들던 첫째내리고개인 모양이다. 그런데 여기로 오르는 사람들은 어찌 이 고개를 오르는 것일까? 과연 자전거를 타고 넘을 수 있을까?

그러나 오르는 사람들이 있단다. 혼미했던 정신을 가다듬으며 잠시 페달을 밟으니 옆으로 흐르는 계곡가로 많은 펜션과 민박집들이 늘어서 있다. 이 계곡이 여름 피서지로 이름깨나 있는 내리계곡인 모양이다.

자꾸 혼미해지려는 정신을 가다듬으며 얼마간 페달을 밟아 칠룡교를 건너니 삼거리가 나온다. 왼쪽은 김삿갓면사무소로 가는 길이고 오른쪽이 상동읍을 거쳐 화방재 오르는 길이다. 여기에서도 화방재까지는 무려 30여 km가 넘는다.

길은 잔잔하지만 오르막의 계속이니 갈수록 태산이다. 그러나 지금은 페달을 밟아야 하는 것이 나에게 주어진 과업. 흐느적거리며 열심히 페달을 밟으나 힘이 너무 빠진 상태이니 페달도 잘 밟아지지 않는 느낌이다. 옆으로 따라오는 옥동천의 맑은 물조차 눈에 들어오지 않는다.

그냥 무의식적으로 페달을 밟으며 중동면사무소를 지나고 녹전삼거리와 중동 교차로도 지나며 태백산로를 따라 흐느적흐느적 힘들게 페달을 밟아 오후 3시가 넘어서야 상동읍에 도착한다. 제일 급한 것이 먹는 것이다. 음식점으로 들어가 의자에 주저앉으며 우거지선지해장국 한 그릇을 시킨다.

오늘 처음으로 들어가는 곡기이다. 이럴 때 막걸리라도 한 사발 들이켜면 금상첨화이련만. 그간 몸 관리 잘못한 내 자신이 원망스러울 뿐이다. 해장국 한 그릇을 국물까지 다 먹고 커피까지 한 잔 마신 후 다시 자전거에 오른다. 정신이 조금 드는 느낌이다.

그런데 정신이 들어 생각하니 주실령 이후로는 사진을 한 장도 찍지 않았다. 아무리 힘들었고, 늙었다고 해도 그렇지. 사진을 찍지 않다니…. 그러나 이제 와서 어찌하랴.

이곳 상동읍에서 화방재(936m)까지는 8km 남짓이지만 거의 오르막이고 경사도 있다니 나는 또다시 죽었다고 복창을 한다. 화방재 가는 길은 상동 삼거리에서 우회전이다. 길이 서서히 고개를 든다. 평상시 같으면 흐느적거리더라도 페달을 밟으며 오를 수 있는 잔잔한 오르막이지만 지금은 죽어도 페달을 못 밟겠다.

　자전거에서 내려 자전거를 끌고 터벅터벅 걷는데 길 건너로 작은 펜션이 보인다. 화물 겸용 승용차도 있고 주인으로 보이는 남자가 그 곁에서 담배를 피우며 서성인다. 무조건 길을 건너 펜션으로 들어가 남자에게 사정을 한다.

　"화방재까지 올라가야 하는데 힘이 빠져서 죽어도 못 올라가겠네요. 돈은 사장님이 달라는 대로 드릴 터이니 화방재까지 차 좀 태워 주십시오."

　나를 아래위로 한 번 훑어본 주인 남자는 10,000원만 달란다. 자전거를 타지 않고 차로 오르는 것은 반칙이지만 당장 죽겠는 걸 어찌 하겠는가. 나는 주인 남자에게 "감사합니다"를 연발하며 자전거를 화물칸에 싣고 조수석에 냉큼 올라 앉는다.

　휴우! 살았다. 느긋한 마음으로 차를 타고 화방재를 오르며 점점 고개를 드는 경사도를 보니 10%는 되겠다. 만약에 내가 자전거를 끌고 여기를 올랐다면 완전히 힘이 빠진 상태의 나는 어찌 됐을까?

　앞으로 어평재주유소와 휴게소가 보인다. **백두대간 서른네 번째 고개 화방재(936m)**에 다 오른 것이다. 펜션 주인에게 고맙다는 인사와 15,000원을 드리고 자전거를 차에서 내린 후, 잠시 그늘에 앉아 물을 마시며 주위를 둘러본다. 화방재 표지석이나 안내판이 보이지 않는다.

　다만, 함백산 등산로를 알리는 도로 표지판 밑에 화방재라는 표시가 함께 돼 있을 뿐이다.

　화방재의 원래 이름은 어평재御坪岾였다는 것이 이곳 원주민들의 일반적인 이야기이다. 숙부인 세조에게 죽임을 당한 단종의 혼령이 이 고개에 나타나 "이곳부터는 내 땅(禦坪/어평)"이라고 한 데서 유래된 지명이며 고개 아래 마을 이름은 아직도 어평마을로 불리고 있단다. 1961년 국무원 고시 16호로 발효된 지금의 강원도 영월군 상동읍 어평리가 그곳이다.

　그래서 2016년 10월에 국토지리정보원과 학계에서는 태백시에 고개 이름 개명을 건의한다. 현재 화방재라는 명칭은 일본 식물학자인 나카이 다케노신(中井猛之進)이 우리나라 식물 분포도를 조사하면서 자신의 연구 활동을 지원했던 조선의 일본 초대 공사 하나부사 요시모토(花房義質)의 이름에서 '화방'을 따와 화방재로 왜곡시켰으니 본래 이름인 어평재로 바꿔 달라는 내용이다.

　나카이 다케노신은 이미 우리나라에만 자생하는 금강초롱을 하나부사 요시모토(花房義質)의 이름을 따서 화방초花房草라고 바꿨던 전력이 있는 사람이다. 그러나 태백시에서는 화방재가 일본식 이름이라는 증거도 없고 주민들도 화방재라고 부르고 있다며 개명을 미루고 있단다.

내가 글을 쓰면서 조사한 자료에 의하면 나카이 다케노신이 우리나라 식물 분포를 조사하기 시작 것은 1913년부터이다. 그러나 1911년 조선 총독부에서 발간한 《조선지지자료》에는 비록 한자인 '어'가 '고기 어魚'로 표기돼 있어 '임금 어御'와 다르기는 하지만 이미 어평치로 기록돼 있다.

그러니 화방재라는 명칭은 빨라야 1911년 이후에나 나왔을 것이고 그 이전에는 당연하게 어평치 또는 어평재라고 불리었을 것인데 증거가 없다는 태백시 속셈은 과연 무엇일까?

또 1961년 4월 22일 국무원고시 16호 '표준지명 사용에 관한 건'에 따른 지금의 영월군 상동읍 어평리는 무엇인가? 상동읍 어평리와 화방재는 관계가 없다고 우길 것인가?

단종의 혼령 이야기가 전설이기에 곤란하다면 《조선지지자료》에 있는 어평치魚坪峙라는 명칭이 일본 공사 화방의질花房義質 이름 냄새가 풀풀 풍기는 화방재보다는 낫지 않을까? 지금도 고갯마루에 어평재휴게소가 있듯이 아예 어평재御坪岾라고 이름을 바꾸면 말할 것도 없을 것이고….

빠른 시일 내에 태백시에 좋은 소식이 있기를 기대하며 자전거에 올라 태백버스터미널로 향한다. 태백버스터미널까지는 대략 13km가량이고 거의가 내리막이니 넉넉잡고 1시간 정도 페달을 밟으면 되겠다. 버스터미널에 오니 시각은 오후 5시를 넘어가고 있다. 6시에 동서울터미널로 출발하는 버스표를 끊은 후, 터미널 건너편 음식점으로 향한다.

애마야! 이번에도 고생 많았다. 그리고 고마워!

09

아홉 번째 길
80km 7시간 10분

동서울터미널 – 태백버스터미널 – 화방재 – 만항재 – 싸리재 – 피재 – 건의령 – 삼척 스타모텔 1박

    2019년 7월 9일 화요일 이른 새벽에 일찌감치 눈을 뜬다. 오늘은 백두대간 고개 넘기 아홉 번째 길 시작점인 만항재를 오르려고, 동서울터미널에서 아침 6시에 출발하는 강원도 태백행 시외버스를 예매해 놓은 날이다.
    그러나 내일부터 시작되는 전국적인 장맛비 예보 때문에 마음은 심란하기만 하다. 포기할까 하고 생각도 했으나 표도 예매해 놓았기에 그냥 출발하기로 마음을 굳히고 비옷을 챙겨 배낭에 넣은 후 동서울터미널로 자전거 페달을 밟는다.
    태백시외버스터미널에 도착하니 시계는 10시를 향하고 있다. 터미널 건너 식당으로 들어가 황태해장국을 늦은 아침으로 먹고 일전에 자전거 페달을 밟으며, 아니 거의 페달에 발만 올려놓고 내려온 화방재까지는 택시를 이용해 오르기로 작정하고 애마를 택시에 밀어 넣는다.
    얼마간 택시 안에서 끄덕이니 지난번 라이딩 때, 상동의 펜션 사장 차를 타고 오른 화방재에 도착했다. 애마야! 이번에도 잘 부탁해.

화방재부터 만항재까지는 8km 남짓이다. 처음부터 고개가 만만하지는 않으나 첫 시작이라 비록 저질 체력이지만 나름 열심히 자전거 페달을 밟는다. 끙끙.

그러나 만항재가 어떤 고개인가? 우리나라에서 차로 오를 수 있는 가장 높은 고개가 아니던가? 왼쪽으로 보이는 장산 들머리 표지판을 지나자 고개는 갑자기 머리를 더 치켜세운다. 어쩔 수 없이 나는 자전거에서 내려서 내 주특기인 끌기를 시작한다. 재작년에 만항재에서 이곳으로 다운힐을 할 때 브레이크를 연방 잡으며 바짝 긴장하던 때가 오히려 그리워진다.

40여 분이 넘도록 자전거를 끌며 허덕이니 만항재이다.

백두대간 서른다섯 번째 고개인 만항재晩項岾(1,330m)는 강원도 정선군 고한읍과 태백시 문곡소도동을 잇는 고개로 제414번 지방도가 지나며 우리나라에서 차가 오를 수 있는 가장 높은 고개이다.

만항재에는 함백산咸白山으로 오르는 등산로도 있다. 함백산은 높이가 1,573m로 남한에서 6번째로 높은 산이다. 《삼국유사》에는 묘범산妙梵山, 《산경표》와 《대동여지도》에는 '크고 밝은 뫼'라는 뜻의 대박산大朴山으로 기록돼 있다. 또 함백산은 각종 야생화가 만발하는 야생화 천국이기에 매년 7월 말부터 8월 초순까지는 고한 함백산 야생화 축제가 열리기도 한다.

표지석 좌측으로 보이는 비포장길은 '석탄을 나르던 높은 길'이라 하여 흔히들 운탄고도運炭高道라고 부르는 길이다. 1970년대 초까지만 해도 우리나라 산업과 난방 연료는 대부분 석탄을 이용했으며 강원도 태백, 고한,

사북 일대 탄광 지대는 우리나라 석탄 산업의 중심이었다.

운탄고도는 그때 만들어진 길이다. 석탄을 각지로 수송하기 위해 탄광에서 기차역까지 석탄을 실어 날라야 하는데 산중에 제대로 된 길이 없었기에 5.16 군사혁명 당시에 국토건설단원들 2,000여 명이 만항재부터 함백역까지, 오로지 삽과 곡괭이로 차량이 다닐 수 있는 40km가량의 길을 만들었다. 그것이 지금의 운탄고도이다.

국토건설단법은 5.16 군사혁명 직후인 1961년 12월에 만 28세 이상의 병역 미필자들을 대상으로 병역 미필로 인한 사회생활의 어려움을 도와줄 목적으로 만들어진 법이다. 그러나 시행 과정에서는 본래 목적과는 다르게 사회적 부작용이 엄청 많았던 법이다.

재작년 여름, 자전거 카페 회원들과 함께 단체 사진을 찍었던 정상 표지석에 자전거를 홀로 세워 놓고 인증 사진을 찍은 후 싸리재를 향해 자전거에 오른다.

싸리재(두문동재) 가는 길은 당연히 내리막이다.

자전거 카페 회원들과 고한, 정암사를 거쳐서 힘들게 페달을 밟으며 끙끙, 허덕거리며 올랐던 길을 오늘은 페달에 발만 올려놓은 채 오히려 브레이크를 계속 잡으며 내려간다.

얼마 동안 다운힐을 하니 오른쪽으로 정암사가 보인다. 정암사淨巖寺는 1,300년 전 신라 선덕여왕 때 자장율사가 문수보살의 계시를 받고 창건한 절이다. 우리나라 5대 적멸보궁 도량의 하나인 정암사를 흔히들 태백산 정암사라고 부르며 일주문 현판에도 태백산 정암사라고 돼 있다.

그러나 정암사 위치는 중함백산 끝자락인 고한읍에서 만항재 오르는 길목에 있다. 그렇기에 나는 함백산 정암사라고 부르는 것이 타당하다고 생각한다. 비록 태백산이라는 상징성이 크기는 하지만 정암사가 함백산에 있는 것은 사실 아닌가?

싸리재(두문동재)는 정암사 일주문에서 잠시 내려가면 있는 상갈래 교차로에서 동해, 태백시 방향으로 우회전해야 한다. 우회전을 하자 길은 서서히 고개를 들기 시작하더니 두문동재 삼거리를 지나 옛길로 접어들면서는 구불구불 헤어핀도 만만치 않다. 내 주특기 흐느적 신공도 소용없다.

할 수 없이 자전거에서 내려 끌기를 시작한다. 길 밑으로 뚫려 있는 두문동재터널로 자전거를 밀어 넣지 않은 게 후회막심이다. 끌다, 타다, 쉬다, 1시간 가까이 허덕거리며 오르니 드디어 싸리재(두문동재)이다.

백두대간 서른여섯 번째 고개 싸리재(1,268m)는 일명 두문동재杜門洞岾라고도 한다. 그 밑에는 두문동이라는 마을도 있다.

원래 두문동杜門洞은 경기도 개풍군 광덕면 광덕산 서쪽 골짜기 안에 있는 마을이다. 개풍군 광덕산 골짜기에 있는 두문동은 여말 선초麗末鮮初에 고려 유신 72명이 조선 왕조에 반대하며 조선의 벼슬살이를 거부하고 은거하던 곳이란다. 이성계는 두문동에 사람을 보내 이들을 나오도록 설득하나 나오지 아니하자 불을 질러 나오도록 했다. 그러나 그들은 한 사람도 나오지 않고 모두 불에 타 죽었단다.

한편, 이곳 두문동재와 두문동 내력은 아래와 같다.

개풍군 두문동에 살던 고려 유신 일부가 삼척에 유배된 공양왕을 만나러 가던 중 공양왕이 이미 타살됐다는 이야기를 듣는다. 그 말을 들은 그들은 내가 곧 올라야 하는 고개 건의령에다 관모와 관복을 벗어 버리고 이 고개 밑으로 내려와 터를 잡은 후, 문빗장을 걸어 잠근 뒤 밖으로 나오지 않고 생을 마쳤단다. 그때부터 이 고개 이름은 두문동재, 그들이 살던 동네는 두문동으로 불리게 되었다.

그런데 경기도 개풍의 두문동에 살던 고려 유신들은 모두 불에 타 죽었다던데, 공양왕을 만나러 이곳으로 왔던 고려 유신들은 과연 누구인가? 이성계가 경기도 개풍의 두문동에 불을 지르기 전에 이곳으로 온 사람들인가?

경기도 개풍의 두문동杜門洞 이야기가 사서에 보이기 시작한 것은 조선 건국 350년 후인 영조 16년(1740년) 때이다. 그때 기록을 보면 72현 이야기는 없고, 태종이 과거를 시행했으나 이곳에 있던 50여 家는 응하지 않고 문을 닫은 채 나오지 않았기에 두문동이라고 하였다는 이야기뿐이다.

그러다가 10년 후인 영조 27년(1751년)에 이르러 50여 家가 72현으로 바뀐다. 왜 하필 72현일까? 72현은 이미 성균관 문묘에 배향돼 있던 공문십철孔門十哲 등, 공자 제자를 비롯한 중국과 조선의 명현名賢 72명을 일컫는 것인데 말이다.

그 후 30여 년이 흐른 정조 7년(1783년)에는 왕명으로 개경 성균관에 표절사表節祠를 세워 그 72현을 배향配享하였다고 사서는 기록한다. 그 72현 중에는 목은牧隱 이색, 야은冶隱 길재, 도은陶隱 이숭인 등, 우리 귀에 익숙한 사람들의 이름도 눈에 띈다.

또한 두문동이라는 명칭도 개풍과 싸리재 두 곳에만 있는 게 아니다. 여말 선초에는 새로운 왕조 조선에 나가 벼슬을 하지 않고 고향에 은거하면서 고려에 충절을 지킨 선비들이 한두 사람이 아니었다. 그들이 살던 동네를 지역에 따라서는 두문동이라고 부르고 있다.

그런데 두문동의 이런저런 이야기들을 종합해 보면 이야기에 모순점이 보이지 않는가? 그래서 누구는 두문동 이야기를 야사野史라고 말하기도 한다. 갑자기 머리가 지끈거린다. 아둔한 내 머리로는 두문동 이야기의 정리가 쉽지 않기 때문이다. 애마야! 다음 고개인 피재로나 가자꾸나.

싸리재에서 피재(삼수령)까지는 15km 남짓이다. 금대봉길을 따라 3km 가량 흐느적거리니 추전역 삼거리이다. 이곳에서 우회전하여 싸리밭길을 따라 약 1.5km 정도 가면 추전역이다. 추전역은 해발 855m에 위치한 우리나라에서 가장 높은 곳에 있는 역이다.

무연탄 수송을 위해 1973년에 만든 역이었으나 이용객이 적어 침체기를 겪다가 1998년부터 겨울철에 하루 두 번 청량리에서 출발하는 환상 눈꽃 열차가 운행되며 다시금 활기를 되찾아 강원도 관광 명소가 되었다.

오래전 집사람이랑 눈꽃열차를 타고 관광을 가다가 추전역에 내려 어묵을 사 먹던 기억이 새삼스럽게 떠오른다. 추전역에 들러서 사진이라도 찍어 집사람에게 보내 줄까 하는 생각도 들었으나 지금은 백두대간 고개 넘기가 더 급하기에 추전역 방향으로는 눈길 한 번 주고 계속 페달을 밟는다.

요즈음에는 무슨 까닭인지, 별것 아닌 일에도 마음이 조급해지곤 한다. 늙어 갈수록 좀 더 마음의 여유를 갖고 세상을 관조하며 느긋하게 살아가야 할 터인데, 70 중반인 지금도 나는 여러 가지로 마음 수양이 부족한 것 같다.

피재 가는 길은 삼수령 교차로에서 바람의 언덕 방향으로 좌회전해야 한다. 좌회전을 하자 오르막이 조금 가팔라지는 듯했으나 바로 피재 표지석이 오른쪽으로 보인다.

　백두대간 서른일곱 번째 고개 피재(920m)는 태백과 정선을 잇는 35번 국도가 지나는 고개이다. 옛날 이 지방 사람들이 난리가 나면 이 고개를 넘어서 피란을 갔기에 '난을 피해 넘던 고개'라고 하여 피재라고 불린단다.

　그러나 피재는 3개의 물줄기가 갈라지는 곳이라는 의미의 삼수령三水嶺, 또는 삼파수三派水라는 이름으로 더 유명하다. 이곳에 떨어진 빗물이 서쪽 골지천으로 흐르면 남한강과 합류하여 서해로, 동쪽으로 흐르면 오십천이 되어서 동해로 흘러들어 간다. 또 남쪽으로 흐르면 황지천을 지나 낙동강과 합류하여 남해로 흘러들기에 삼수령이라고 부른단다.

　또한 피재는 백두대간이 낙동정맥이라는 커다란 산줄기를 갈라 놓은 분기점이기도 하다. 지금도 흔히들 태백산맥이라고 부르고 있는 산줄기가 바로 낙동정맥이다. 낙동정맥은 이곳 피재에서 백두대간으로부터 갈라져 나와 백병산, 주왕산, 가지산, 취서산 등을 세워 놓으며 계속 동해안을 따라

남하하다가 금정산을 지나 부산광역시 다대포 몰운대에서 맥을 다하는 길이 370km가량의 산줄기이다.

 백두대간이라는 개념이 산악인 사이에서 확실히 정립되기 전인 1984년 1월 1일부터 3월 16일까지 76일간에 걸쳐서 여성 산악인 남난희가 부산 금정산에서 출발하여 진부령까지, 태백산맥이라고 불리던 낙동정맥을 종주한 적이 있다.

 그 종주 기록이 《하얀 능선에 서면》이라는 책으로 수문출판사에서 출간됐다. 나도 《하얀 능선에 서면》을 읽으며 태백산맥 종주를 꿈꾸던 적이 있었는데 그것이 벌써 35년 전 이야기이다. 그리고 지금은 그가 한겨울에 배낭 메고 추위에 떨며 넘던 이 고갯길을 나는 한 여름에 땀을 비 오듯 흘리며 자전거 페달을 밟으며 오르고 있다.

 태백산맥! 나는 태백산맥이라는 말을 들으면 괜스레 마음이 짠해지곤 한다. 1989년 11월에 10권으로 출판된 조정래 대하소설 《태백산맥》의 영향이다. 《태백산맥》은 전라도 벌교 땅과 그 일대를 무대로 민족상잔의 비극인 한국 전쟁과 그것으로 비롯된 지리산 빨치산들의 애환, 그리고 그곳 민초들의 핍박한 삶을 그리고 있는 소설이다. 하지만 《태백산맥》은 산줄기 태백산맥과는 전혀 상관이 없다.

 그러나 조정래의 《태백산맥》을 읽을 때, 그 소설 속 빨치산들을 비롯해 힘들게만 살아야 했던 민초들의 핍박한 삶이 내 가슴속 이곳저곳을 후비며 마음을 저리게 했기에 소설 《태백산맥》은 아직도 내 가슴 한구석에 크게 자리 잡고 있다. 그런데 전라도 땅을 전혀 거치지도 않는 산줄기 태백산맥을 책 제목으로 정한 조정래의 속내는 무엇이었을까?

애마야! 다음 고개는 건의령이지?

피재(삼수령) 표지석과 표지판을 인증 사진으로 찍고 건의령(터널)으로 자전거 페달을 밟는다. 건의령(터널)까지는 7km 남짓이고 이곳 피재보다 고도가 60m가량 낮은 858m이니 심한 오르막도 없을 것이다. 나는 건의령에 오르면 만나고 싶은 여인이 있다.

터널 위 건의령 옛길로 올라가 백두대간 덕항산 가는 길로 들어서 6km 가량 걸으면 구부시령九夫侍嶺이 나온다. 옛날에 그 고개에서 아홉 남자와 인연을 맺으며 살아야 했던 기구한 운명의 여인이 있었기에 이름이 구부시령이 된 고개이다.

그와 결혼한 아홉 남자들은 이상하게도 모두 죽었지만 그들 사이에서 난 자식들까지 힘들게 먹여 살려야 했던 박복했던 그 여인. 그는 결코 외모가 아름답지는 않았을 것이다. 아마도 아름다움과는 거리가 먼 여인이었을지도 모른다. 그러나 그는 우리들의 어머니였고 누이였다. 그러한 어머니와 누이가 없었다면 지금의 우리가 어찌 있을 수 있었겠는가?

내가 오늘 그 여인을 만나더라도 할 말은 없다. 2003년 늦은 가을, 배낭을 둘러메고 이곳 백두대간 산길을 걷다가 그 여인을 처음 만났을 때처럼 그저 한숨이나 내쉬고 눈물이나 한소끔 뿌려 주는 것밖에는….

그런데 나는 구부시령九夫侍嶺의 '모실 시侍'가 영 못마땅하다. 왜 그 여인이 아홉 남자를 모셨다고 생각을 하는지 이해되지 않기 때문이다. 오히려 아홉 남자를 데리고 산 것은 아니었을까? 최소한 같이 살았다는 생각을 할 수는 없는 것인가? 구부시령이라는 지명 하나에서도 우리 선조들의 고루한 남존여비 사상이 보이는 것 같아 씁쓸한 마음을 금할 수 없다.

지금도 우리 마음 속 어딘가에 알게 모르게 많이 남아 있는 남존여비 사상이 하루빨리 없어지기를 바라며, 구부시령 여인을 만나기 위해 백두대간로를 따라 열심히 페달을 밟는다. 6km 가까이 페달을 밟다가 도계 방향으로 우회전하니 길은 건의령로로 바뀌며 살포시 고개를 든다.

그러나 건의령(터널)까지 거리가 1km도 채 안되기에 자전거에서 내리지는 않고 끙끙거리며 페달을 밟아 건의령(터널) 앞에 다다른다.

백두대간 서른여덟 번째 고개 건의령巾衣嶺(858m)은 강원도 태백시 상사미동에서 삼척시 도계읍을 잇는 고개이다. 두문동재에서 이미 언급했지만, 고려 유신들이 이 고개에다 관모와 관복을 걸어 놓고 두문동재 밑 두문동으로 들어갔기에 '두건 건巾' '옷 의衣'를 써서 건의령이 됐단다.

그러나 매사에 삐딱한 성격의 나는 건의령이라는 고개 이름은 두문동재 이야기에다 겉옷을 하나 더 입힌 것이라는 생각만 들 뿐이다. 차라리 이

고개의 바람이 너무 거세고 매서워서 겨울에 이 고개를 넘을 때는 옷을 아무리 많이 껴입어도 추위에 얼어 죽는 사람들이 많아서 불리게 됐다는 이름, 한의령寒衣嶺에 더 신빙성이 간다.

표지석이 없기에 건의령터널을 인증 사진으로 대신하고, 건의령 옛길로 오르는 길을 찾으니 오르는 길이 보이지 않는다. 내 옛날 기억으로는 비록 자전거를 갖고 오르는 것이 힘들기는 해도 대간을 종주하는 사람들이 옛길로 오르기 위해 임의로 만들어 놓은 샛길이 분명 있었는데 말이다.

한참 고민하다가 구부시령 여인 만나는 것을 포기하기로 한다. 그리고 백두대간 서른아홉 번째 고개 댓재를 향하여 자전거를 터널 안으로 들이민다. 지금도 구부시령 어디인가에 떠돌고 있을 여인에게는 죄송하다는 말을 되뇌며….

건의령터널을 나오니 무슨 이유인지는 모르겠으나 길 오른쪽으로 보이는 널따란 산 사면이 온통 시뻘건 벌거숭이다. 그러나 벌거숭이 모습이 이상하게도 아름다운 풍광으로 닦아 온다. 시원하면서도 무엇인가가 가슴을 콕 찌르는 아름다움이다.

패러글라이딩을 할 줄 알아 장비를 착용하고 풍덩 뛰어내리면 나는 분명 한 마리 새가 될 것이다. 새의 눈으로 보면 저 이상하면서도 멋진 풍광은 과연 어떤 모습으로 보일까?

다운힐을 하면서도 아름다운 풍광이 계속되니 눈은 자꾸 오른쪽으로 돌아간다. 평소의 내게 다운힐은 무서움일 뿐이었는데, 아름다움 앞에서는 무서움도 어쩔 수 없는 모양이다. 그런데 아름다운 풍광을 보며 10km가량을 내려가도 댓재 가는 길목인 숙암삼거리가 나오지 않는다. 이상한 생각이 들어 자전거를 길가에 세우고 네이버맵을 재검색한다.

이런! 댓재 가는 길은 터널로 들어오지 말고 내가 올라왔던 건의령로로 1km 정도 되돌아 내려가 강릉 방향으로 우회전하여 백두대간로를 따라가야 했다. 시각도 이미 저녁 5시가 다 되어 가는데 되돌아서 10km 가량의 오르막을 다시 오를 자신은 없다. 아니 불가능에 가깝다. 어쩔 수 없다. 일단은 그냥 삼척으로 가기로 마음을 정한다.

댓재 가는 길을 지나쳤기에 건의령의 멋진 풍광을 구경할 수 있었다고 스스로를 위로하며 네이버맵에 삼척버스터미널을 찍어 길을 확인한다. 삼척버스터미널까지는 29km이니 2시간 가까이 걸리겠다.

내 아킬레스건인 터널도 4번이나 지나고, 높지는 않지만 고개도 오르내리며 열심히 자전거 페달을 밟아 삼척터미널 사거리에 도착하니 시계는 저녁 7시를 향해 가고 있다.

우선 급한 것은 밥 먹는 것이다. 앞을 보니 소나무집이라는 고깃집이 보인다. 허겁지겁 들어가 한우육회비빔밥 한 그릇을 뚝딱하고 식당 건너편에 보이는 스타모텔로 들어가 오늘의 자전거 페달 밟기를 마무리한다.

새벽 5시에 집을 나와 오후 8시에 자전거 타기를 마무리했으니 장장 15시간 동안 길에서 헤맨 꼴이지만 정작 넘은 고개는 4개에 불과하다. 그러나 난이도가 만만치 않은 강원도 고개들이고 일반 도로도 많이 거쳤으니 70 중반의 늙은이로서는 대단한 일 아니겠는가?

어이 늙은이! 오늘도 수고했네그려. 애마도 고마웠어.

10

열 번째 길
93km 8시간 35분

댓재(통과) – 백복령 – 갈고개 – 버들고개 – 삽당령 – 고단삼거리 – 비오치 – 닭목령 – 피덕령 – 횡계시외버스터미널 – 동서울터미널

어김없이 하루는 지났고 새로운 날은 다시 밝았다. 몸은 피곤하지만 늙은이의 평소 습관대로 새벽같이 눈을 떠 모텔 창문을 여니 가랑비가 내리고 있다. 오늘 같은 날에는 기상청을 두고 하는 우스갯소리처럼 구라청이 됐으면 좋으련만, 이 또한 '머피의 법칙'인가 보다.

그러나 어쩌랴? 가랑비임을 그나마 다행으로 여기며 바람막이만 걸치고 모텔 문을 나서 근처 콩나물해장국집에서 아침을 먹으며 댓

재 가는 길을 확인한다. 여기에서 댓재까지 거리는 23km이다.

그러나 댓재를 올랐다가 다음 고개 백복령으로 가려면, 올라갔던 길로 14km 가량을 다시 돌아 내려와 하거노삼거리라는 곳에서 좌회전한 후 강원남부로, 동해대로, 효자로 등을 거쳐 30km가량을 가야 한다.

이곳에서 댓재까지 가는 거리 23km를 더하면 총 67km의 거리이다. 그러면 이곳에서 백복령으로 바로 가는 29km 거리보다 38km가량 자전거 페달을 더 밟아야 한다. 오르막을 감안하면 3시간 이상은 더 걸리겠다.

오늘 일정은 피덕령(안반데기)까지 갔다가 횡계로 가서 버스를 타고 서울로 올라갈 예정인데, 3시간 이상 더 걸리면 오늘 일정에 차질이 생길 수도 있다. 더군다나 비까지 내리고 이곳 삼척에서 오르는 댓재의 경사도도 만

만치 않으니 갈등이 생긴다. 잠시 고민을 하다가 3년 전에 댓재를 오른 적이 있었다는 핑계를 대며 댓재 오름은 포기하고 바로 백복령으로 가기로 한다.

오름을 포기한 **백두대간 서른아홉 번째 고개 댓재**(810m)는 강원도 삼척시 미로면과 하장면을 잇는 고개로, 28번 지방도로가 지난다. 《산경표》와 《대동여지도》에는 죽현竹峴으로 돼 있으니 한글 표기로는 댓재가 되겠다.

댓재는 두타산頭陀山(1,357m)이 품은 고개이다. 댓재 산신각 옆으로 난 길을 따라 6km가량 발품을 팔면 두타산이다. 인도 고대어인 범어梵語로 두타頭陀는 '버리다', '씻다', '닦다'라는 의미를 갖고 있으며, 두타행頭陀行은 세속의 모든 번뇌, 의식주에 대한 모든 욕망 등을 버리고 오직 불도를 닦는 수행을 뜻한다.

두타산만 목적으로 동해안 무릉계곡 쪽에서 두타산을 오를 경우에는 가파른 경사도를 따라 한참을 끙끙거려야 올라갈 수 있는, 오르기가 제법 힘든 산이다. 예전에 직장 동료들이랑 무릉계곡 쪽에서 두타산頭陀山을 오른 적이 있다. 그때 한 선배가 힘듦을 호소하며 '골 때리는 산(頭打山)'이라고 말하던 기억이 난다.

골 때리는 산이라? 속인들이 세속의 모든 것들을 버리고 온갖 욕망을 이겨 내면서 불법을 닦는 일이 어디 쉬운 일이겠는가? 수많은 세속의 번뇌와 욕망을 모두 이겨 내고 버려야만 불법의 길로 들어갈 수 있을 터인데, 그런 번뇌를 이겨 내고 욕망을 버리는 동안 얼마나 많은 골 때림이 있었을까? 그 선배의 골 때리는 산이라는 두타산頭打山 작명이 그럴듯하다.

아침을 먹고 식당을 나와 백복령을 향해 자전거 페달을 밟는다. 가랑비를 맞으며 동해대로를 따라 10km가량 페달을 밟으니 쇄운삼거리이다. 백복령 가는 길은 이곳에서 삼화동 방향으로 좌회전을 해야 한다. 길은 효자로로 바뀌며 왼쪽으로는 신흥천이 따라온다.

길은 약한 오르막과 내리막의 계속이다. 아직은 자전거 페달을 밟을 만하다. 가랑비는 어느덧 잔잔한 안개비로 바뀌었다. 안개비가 바람에 휘날리며 몽환의 선경을 연출하지만 힘들게 페달을 밟아야 하는 나에게는 몽환의 선경도 눈에 들어오지 않는다.

얼마 동안 끙끙거리니 왼쪽으로 달방저수지가 보인다. 달방저수지를 지나자 길은 서서히 고개를 치켜세운다. 고개를 오를 때는 자전거를 끌고 가는 것이 더 편함을 이미 알고는 있지만 아직도 15km가량은 더 올라야 백복령이니 벌써 자전거에서 내릴 수는 없다.

삼척 승화원 입구를 지나면서는 경사도가 점점 높아진다. 그래도 자전거에서 내리지는 않고 흐느적흐느적, 헥헥, 열심히 페달을 밟는다. 정말로 힘들어 죽을 맛이다.

  7km 정도 페달을 더 밟으니 오른쪽으로 정동진으로 내려가는 옥계로가 흐릿하게 보인다. 고글이 땀과 안개비로 흐려져 앞이 잘 보이지도 않지만 너무 힘이 들어 더 이상 페달을 밟을 수가 없기에 자전거에서 내린다.

  안경을 닦으며 앉을 곳은 찾아보지만 마땅한 곳이 없다. 하기야 안개비이기는 하나 계속 비가 내리고 있는데 앉을 곳을 찾다니? 내가 바보스럽다.

  그냥 서서 숨을 고르며 쉬는데 으슬으슬 추워진다. 비와 땀으로 바람막이는 물론 속옷까지 다 젖었기 때문이다. 바람막이만 벗고 비옷으로 갈아입은 후 다시 자전거에 오른다. 이제 6km가량만 더 오르면 백복령이다. 그러나 자전거 페달을 밟은 것은 잠시이고 자전거에서 다시 내린다. 흐느적흐느적, 때로는 자전거 끌기도 버거워 고개를 숙이고 고개를 오른다.

  선경을 연출하던 안개가 언제부터인지 시커멓게 변해 시야가 하나 없는 백복령 길을 오른다. 끙끙거리며 오른다. 갑자기 그리스 신화 시시포스(Sisyphus)의 형벌이 떠오른다.

  힘들게 밀어 올려도 다시 밑으로 굴러 떨어지는 바윗덩어리. 그것을 또 다시 밀어 올려야 하는 시시포스의 형벌은 어쩔 수 없는 인간의 숙명을 이야기하는 것이다. 하지만 자전거로 백두대간 고개 넘기는 내가 스스로 원해서 하는 것이기에 숙명과는 전혀 관계도 없는 일인데 왜 시시포스 형벌이 떠오르는 것일까?

  그러나 자전거 끌고 고개들을 오르는 것이 전생의 내 업業일지도 모르기에 지금은 자전거를 끌면서 열심히 백복령을 올라야 한다. 그나마 자전거가 뒤로 밀리기도 하는 업이 아님을 다행으로 여기면서 말이다.

지금쯤이면 오른쪽 멀리로 산봉우리도 없이 허연 암괴 덩어리로 변해 버린 자병산紫屛山(872m)이 보여야 할 지점이다. 그러나 짙은 안개로 세상천지는 오리무중五里霧中, 아니 지척무중咫尺霧中이다.

백복령을 품은 자병산紫屛山(873m)은 산의 기반암층 대부분이 석회암인 카르스트 지형으로 돼 있다. 석회암은 고생대 전기의 해성퇴적암으로 시멘트, 석회비료, 카바이트 등의 원료로 쓰인다. 그래서 자병산 석회암을 채굴하면서 산을 헐었기에 지금은 산 전체가 없어질 위기에 있다.

내가 백두대간 종주할 때인 2004년 초여름 무렵, 석병산을 넘어 이곳에 왔을 때였다. 갑자기 내 앞에 나타난 하얗고 커다란 암괴 덩어리들. 그 덩어리들이 여기저기 허옇게 뭉그러져 있는 것이 일반적 산 모습과는 너무 달랐다. 자병산이란다.

산봉우리는 이미 없어졌고, 산 중간쯤 밑으로 깊숙이 가라앉은 허연 암괴 덩어리들 사이로는 채굴한 석회암을 실어 나르기 위해 만든 길들이 구불구불 여기저기 나 있는데, 마치 화산 폭발로 생긴 거대한 분화구 모습이었다.

자병산은 석회석을 채굴하기 이전에는 해발 900여 m에 이르는 높이에 석회질 토양을 좋아하는 백리향, 정향나무, 털개회나무, 만병초 등이 많이 자생했다니 산은 당연하게 푸르름으로 덮여 있었을 것이다.

저녁이면 정상 주변 병풍 모양의 절벽이 노을빛을 받아 붉게 빛나서 '붉은 병풍산紫屛山'이라고 불렸다는데, 지금은 산 이름이 무색하게 그냥 함몰된 구덩이일 뿐이다. 훼손된 면적만도 자그마치 축구장 400개쯤은 된다는 처참한 흉물 덩어리이다.

  2004년 당시에, 나는 자병산의 처참한 모습을 처음 보면서 도시 문명의 필연인 개발이 우선인지, 자연 보호와 환경이 우선인지를 따지기에 앞서서 인간 본능적 원죄인 욕심이 심해도 너무 심하다는 생각만 들었다. '과연 인간 욕심의 끝은 어디일까?' 하는 의문으로 고민하기도 했다.

  그러나 그때로부터 15년이 지나서 이곳에 다시 오른 지금의 나는 아무런 생각도 없이 그저 하루하루를 편안하게 살기에만 급급한 한갓 늙은이일 뿐이다. 그리고 지금 늙은이가 당장 해야 할 일은 자전거를 타든지, 끌든지 하면서라도 진부령까지 빨리 가는 것이다.

  늙어 가면서 이기심은 버리고 좀 더 남을 배려하는 삶을 살기로 마음먹은 적이 한두 번이 아니건만 실제로는 더 심해져만 가는 이 이기심을 어찌해야 할꼬?

  짙은 안개 속 길을 따라 자전거를 끌고 잠시 오르니 앞쪽으로 희미하게 백복령 표지판이 보인다.

백두대간 마흔 번째 고개 백복령白茯嶺(780m)은 강원도 정선군 임계면과 강릉시 옥계면 그리고 동해시 사이에 있는 고개로, 42번 국도가 지난다.

백복령은 1662년 삼척부사를 지낸 미수眉叟 허목許穆 (1595~1682)이 쓴 《척주지陟州誌》에는 백복령白卜嶺, 김정호의 《대동여지도》에는 백복령白福嶺,《1872년 지방지도》에는 백복령白伏嶺 등으로 기록돼 있으나 1961년 건설교통부고시에 따라 지금의 한자 명칭인 백복령白茯嶺으로 굳어졌다.

백복령白茯苓이라는 버섯이 있다. 버섯 백복령은 땀을 적당히 조절해 주고 오줌을 잘 나오게 하며 설사 등을 다스리는 데에 쓰이는 약재이다. 그런데 '풀 이름 복茯'이 들어간 지금 백복령보다 이미 예전부터 '卜, 福, 伏' 등이 들어간 백복령 고개 이름이 많다. 그중에서 하필이면 버섯 이름 백복령白茯苓에서 고개 이름을 따와 버섯 이름과 혼돈될 수 있는 백복령白茯嶺이라는 이름을 붙인 건설교통부의 저의는 무엇일까?

이 고개 부근에 백복령白茯苓이 많이 자라서 백복령白茯嶺이라고 이름 지은 것인가? 과연 백복령(白茯嶺)에 백복령(白茯苓)이 있기는 한 것인가?

애마야! 다음 고개는 삽당령이지?

백두대간 마흔한 번째 고개 삽당령부터는 오대산 구간이다. 무위진인無位眞人. 내가 오대산에 들 때마다 느끼던 감정이다. 도를 닦는 마음이 뛰어나서 경지에 오른 참된 도인을 무위진인이라고 부른다. 또는 모든 미혹과 깨달음을 초월한 궁극적인 진실이 무위진인이다.

그렇다. 오대산은 무위진인의 산이 틀림없다. 오대산은 높이가 1,565m에 이르는 높은 산이지만 찌를 듯이 날카롭게 솟아 있지 않고 참된 도인처럼 스스로를 낮추고 엎드려 있다.

주봉인 비로봉(1,565m)을 비롯하여 호령봉(1,560m), 상왕봉(1,493m), 동대산(1,434m), 두로봉(1,422m) 등, 5개 봉우리와 적멸보궁寂滅寶宮을 품은 중대(사자암)를 중심으로 동대(관음암), 서대(수정암), 남대(지장암), 북대(미륵암)의 5대가 마치 한 송이 연꽃과 같은 모습으로 자신을 숨기며 오롯하게 둘러앉아 있다.

1975년 2월 국립공원으로 지정된 오대산은 아름다운 자연 경관과 잘 보존된 생태계로 널리 알려져 있는 산이다. 또, 유서 깊은 사찰과 문화재도 곳곳에 있다. 오대산이 품고 있는 절로는 신라 시대 자장율사가 창건한 월정사와 상원사 등이 있다. 월정사 경내에 있는 고려시대 팔각구층석탑은 국보 제48호이다.

상원사에는 국보 제36호인 동종이 유명하다. 오대산 적멸보궁은 양산 통도사, 영월 법흥사, 정선 정암사, 설악산 봉정암과 함께 우리나라 5대 적멸보궁으로 월정사를 창건한 신라의 고승 자장율사가 문수보살을 친견하고 받아온 석가모니 사리를 모신 곳이다.

오대산 하면 월정사 일주문에서 상원사 입구까지 이어진 10km가량의 전나무 숲길도 빼놓을 수 없다. 일반적으로 버스나 자가용으로 상원사 입구 주차장까지 올라가 그곳부터 산행을 하지만, 나는 전나무 숲길의 아늑함과 은은히 향을 풍기는 전나무 냄새가 너무 좋아서, 가능한 한 전나무숲길을 따라 월정사 입구부터 산행을 시작하고는 했다.

그런데 언제부터인지 모르지만 그 전나무 숲길에 선재길이라는 이름을 붙인 트레킹 코스가 생겼다. 선재동자는 화엄경에 나오는 문수보살의 지혜를 통해 깨달음을 얻고자 했던 구도자이다.

선재라는 이름에는 착한 사람이라는 의미도 있으니 선재길은 착한 사람으로 가는 깨달음의 길이다. 이 길에는 한 줄기 지혜의 빛을 좇는 과정을 통해 마음에 평안을 얻어 가면서, 서로를 이해하고 배려하여 보다 나은 세상을 만들어 가자는 선재동자의 뜻도 담겨 있으리라.

또, 오대산은 한강기맥漢江岐脈의 분기점이기도 하다. 한강기맥은 남진하던 백두대간이 오대산 두로봉(1,422m)에서 서남쪽으로 갈래를 쳐서 오대산 최고봉인 비로봉(1,563m)을 치켜세운 후, 계방산(1,577m), 발교산(995m), 용문산(1,157m), 유명산(864m), 청계산(656m) 등을 거쳐 경기도 양평군 양서면 두물머리에서 그 맥을 다하는 총 길이 167km의 산줄기이다.

이곳 백복령에서 삽당령까지는 약 25km이나 갈고개와 버들고개를 넘어야 하기에 2시간가량은 걸릴 것이다. 백복령을 지나 삽당령 가는 처음 길은 당연히 내리막이다. 3km가량 다운힐을 하니 왼쪽으로 갈고개(750m) 표지판이 서 있다.

고갯길 같지가 않은데 고개라니? 그러나 표지판을 지나자 구불구불 다운힐이 시작된다. 경사도도 삽당령 쪽에서 올라왔더라면 나는 당연히 내려서 끌어야 할 경사이다.

　내가 갈고개를 고개로 느끼지 못한 이유는 백복령과 갈고개의 고도 차이가 30m에 불과하기 때문이었다. 세상살이를 하면서 한쪽만 보고 자기 임의대로 생각하고 판단해서는 안 된다는 교훈을 다시 깨닫게 해 준 갈고개가 고맙다.

　갈고개를 내려가 서동로를 따라 15km 정도 페달을 밟으니 정선군 임계면 소재지이다. 삽당령은 임계버스터미널 근처 사거리에서 강릉 방면으로 우회전해야 한다. 백두대간로로 바뀐 35번 도로를 따라 약한 오르막길을 흐느적거리는데 길이 서서히 고개를 든다. 버들고개(620m)이다. 비록 흐느적거리지만 계속 페달을 밟는다.

계속되는 안개비에 비옷을 벗을 수 없으니 바람이 통하지 않아 속옷은 땀으로 흠뻑 젖었다. 나는 여름에 산을 오를 때는 비가 와도 비옷을 입지 않는다. 비에 옷이 젖으나, 비옷 입고 흐르는 땀에 옷이 젖으나, 젖는 것은 마찬가지이기 때문이다.

버들고개를 넘어 잠시 내려가니 고단삼거리이다. 여기에서 좌회전하면 닭목령 가는 길이다. 삽당령을 올랐다가 닭목령으로 가려면 여기까지 다시 되돌아와야 한다는 이야기이다. 그런데 삽당령 전에 또 고개가 나타나 서서히 고개를 들기 시작한다.

고개가 고개를 들면 반대로 나는 고개를 숙여야 한다. 그러나 고개 이름도 모르는 고개에서 고개 숙임도 잠시. 나는 자전거에서 내려 흐느적거리며 자전거를 끈다. 흐느적흐느적… 자전거를 타고도 흐느적… 내려서 끌 때도 흐느적… 내 별명에 '흐느적도사'라는 별명을 추가해야겠다.

하여튼 얼마 동안 자전거를 끌며 흐느적거리니 뿌연 안개 속에 표지판이 희미하게 보인다. 삽당령이다.

백두대간 마흔한 번째 고개 삽당령揷唐嶺(721m)은 《신증동국여지승람》, 《관동읍지》에는 삽현鈒峴, 《조선지도》, 《청구도》에는 삽운령揷雲嶺, 《대동여지도》에는 삽현鈒峴, 《증보문헌비고》와 《산경표》에는 삽당령揷當嶺, 최근 기록이라 할 수 있는 《강릉시사》에는 삽당령揷唐嶺이라고 기록돼 있다.

그런데 성균관 청년유도회 강릉지부 회장이 당나라 당唐이 들어간 현재의 삽당령揷唐嶺은 일제 강점기 때 바뀐 것이라며 강릉시에 민원을 제기했다.

삽당령은 고개를 넘을 때 너무 힘들어 짚고 가던 지팡이를 정상에 꽂아 놓고 갔다고 해서, '꽂을 삽揷'과 '바닥 당當', '고개 령嶺'을 써 삽당령揷當嶺이라고 부른 고개이고 《증보문헌비고》와 《산경표》에도 揷當嶺으로 돼 있으니 당연히 바닥 당當이 들어간 揷當嶺으로 바꿔야 한다는 것이 성균관 청년유도회 강릉지부 회장 이야기이다.

그 대안(代案)인지는 알 수 없지만 강릉시에서는 한글 이름의 삽당령 표지석을 새로 세웠다. 이것이 삽당령 표지석이 한글로 표기된 까닭이다.

삽당령 표지판, 표지석, 성황당 등을 사진 찍고 표지석 맞은편에 있는 '정상주막'으로 들어간다. 커피, 차, 막걸리 등과 간단한 음식을 파는 이 천막집은 내가 걸어서 백두대간 종주를 할 때도 있던 집으로, 그때 마셨던 막걸리 맛의 여운이 아직도 진하게 남아 있는 곳이다.

그때 70대로 기억되던 주인 할머니는 아직도 정정하시다. 고운 모습도 옛날 그대로이다. 생강차 한 잔을 시키고 연세를 물으니 올해 86세란다. 그러나 내가 그 할머니 남편이라고 해도 믿을 사람들이 있을 정도로 젊게 보인다.

차를 마시며 이런저런 이야기를 나누는데 산행객이 들어온다. 그분에게 부탁해 할머니와 사진 한 장을 함께 찍은 후, 오랫동안 건강하게 사시라고 덕담을 하고는 밖으로 나온다.

내 생전에 이곳 삽당령에 다시 와, 이곳 '정상주막'에 들러서 저 할머니가 따라 주는 막걸리 한 잔을 마실 수 있을까? 그런 기회가 올 수 있기를 소원하면서 닭목령을 향해 자전거 페달을 밟는다.

닭목령(700m)은 올라왔던 백두대간길을 따라 7km가량 되돌아 내려

가 고단삼거리에서 고단리 방향으로 우회전해야 한다.

오를 때는 끙끙, 흐느적거리며 자전거를 끌던 오르막을 자전거 페달에 발만 올려놓은 채 고단삼거리 근처까지 내려간다. 과연 이름 그대로 가만히 있어도 스스로 굴러 가는 차(自轉車)이다. 그러나 고단삼거리에서 우회전해서는 사부작사부작 페달을 밟아야 한다.

고단보건진료소를 지나며 다시 강릉, 대기리 방향으로 우회전하니 고랭지 배추밭이 길을 따라 길게 이어져 있다. 배추 모양이 마치 활짝 핀 장미 같아서 푸른 장미라고도 불리는 고랭지 배추밭 풍경이 장관이다. 농사짓는 농민들에게는 배추밭이 힘든 노동의 현장이겠지만, 나같이 어쩌다 이곳을 지나는 사람들에게는 근사한 구경거리임에 틀림없다.

여기에서 닭목령까지는 15km가량 더 가야 한다는데 길은 조금씩 고개를 든다. 오르막이지만 경사도는 세지 않기에 자전거에서 내리지는 않고 흐느적거리며 계속 자전거 페달을 밟는다. 그런데 갑자기 경사도가 세지기 시작한다. 잠시 동안 흐느적거리다가 도저히 페달을 밟을 수 없기에 자전거에서 내린다.

하기야 백두대간 고개 넘기 중에서도 특히 경사도가 세다는 강원도 구간을 지나며 허약한 다리를 가진 내가 자전거에서 내리지 않고 페달을 계속 밟는다는 것은 말이 안 된다. 아암! 자전거에서 내려야 하는 것은 당연한 일이다.

나중에 집에 돌아와 고개 이름을 조사해 보니 비오치라는 고개인데 높이가 850m가량이나 되는 만만치 않은 고개이다. 전혀 생각지도 않았던 곳에서 백두대간 강적을 만났다. 비오치를 내려와 5km가량을 흐느적거리니 왼쪽에 닭목령쉼터라는 팻말이 서 있는 집이 보인다. 닭목령에 거의 다 온 모양이라고 생각하며 계속 페달을 밟는다.

그런데 왼쪽으로 갈리는 길모퉁이에 안반데기 안내판이 서 있다. 이런! 그러면 닭목령은 어디로 사라진 거야? 순서대로라면 닭목령을 거쳐야 피덕령(안반데기)으로 가기 때문이다.

닭목령쉼터로 되돌아 내려가 그곳에 계신 아주머니에게 닭목령 위치를 물어보니 피덕령 표지판 있는 곳에서 직진하여 잠시만 더 올라가면 닭목령 표지석이 있단다. 아주머니에게 고맙다는 인사를 하고, 다시 되돌아서 길을 따라 얼마간 오르니 길가에 닭목령 표지판과 표지석이 서 있다.

백두대간 마흔두 번째 고개 닭목령(700m)을 품은 강릉시 왕산면 대기리는 풍수지리에서 말하는 '금빛 닭이 알을 품고 있는 형상, 즉 금계포란金鷄抱卵' 형의 명당인데 그중에 닭목령 지형이 닭의 목처럼 길쭉해서 닭목령,

또는 닭목재라고 부른다.

그러나 일부에서는 달+목+령의 조합으로 보는 사람들도 있다. 달은 '높다', 목은 '위치'를 뜻하니 닭목령은 '높은 곳에 있는 고개'라는 뜻이라고 말하며 '닭 鷄'가 들어간 계룡산과 계족산도 닭과는 상관이 없는 산이라고 부가 설명도 한다.

그러나 높은 곳에 있는 고개라는 뜻이 무색하게 닭목령은 평지 같아 보일 뿐, 700m 높이의 고개 같아 보이지 않는다. 아마도 이 지역 자체 고도가 이미 700m 높이이기에 평지 같아 보일 뿐이라고 생각하며, 표지석을 둘러보고 강릉 내려가는 길 쪽으로 가니 그곳은 경사도가 만만치 않은 내리막이다. 내리막 길이도 길어 보인다.

대관령에서 강릉 쪽으로 내려가다가 성산 삼거리에서 우회전하여 닭목령을 오르는 사람들은 고생깨나 해야 할 정도로 제법 경사도 있다. 만약 이 길을 따라 오른다면 닭목령은 당연하게 '높은 곳에 있는 고개'라고 불러야겠다.

닭목령 표지석과 산림 대장군, 숲에 여장군 장승 사진을 찍은 후, 백두대간 마흔세 번째 고개 피덕령으로 향한다. 피덕령은 왔던 길로 600m가량 되돌아 내려가, 올라올 때 보았던 안반데기 안내판이 서 있는 우측 길로 우회전해야 한다. 길모퉁이에 서 있는 안내판을 보니 안반데기까지는 4.6km라고 적혀 있다.

이 길은 오르막의 계속이다. 어느 곳은 경사도가 10%가 훨씬 넘는 곳도 있는 만만치 않은 오르막길이다. 하지만 10%가 넘으면 무슨 상관이랴. 자전거에서 내려 끌면 되는 것을….

안반데기 안내판 사진을 찍고 다시 자전거에 오른다. 그러나 페달 밟는 것은 잠시이고 곧바로 자전거에서 내려 끌기를 시작한다. 이제 나는 '흐느적도사'에다가 '끌기도사' 별명을 하나 더 추가해야겠다.

구불거리기 시작하는 피덕령(안반데기) 오름길은 길 상태도 좋지 않다. 그러나 오를수록 짙어지는 안개가 바람을 따라 휘날리며 몽환의 선경을 연출하니 길 나쁨이 무슨 상관이랴. 나는 몽환의 선경 길을 따라 꿈속 세상에 취해 흐느적거리며 자전거를 끈다. 1시간 가까이 선경의 꿈속에서 흐느적거리니 짙은 안개 속에 널따란 분지가 나타난다. 피덕령(안반데기)이다.

백두대간 마흔세 번째 고개 피덕령(안반데기/1,100m)은 강원도 강릉시 왕산면 대기4리에 있는 고개로 안반데기라고도 부른다. 피덕령보다 안반데기라는 이름이 더 유명하다.

안반은 떡메로 떡 반죽을 칠 때 밑에 받치는 오목하고 평평한 통나무 받침판을, 데기는 평평한 땅을 뜻한다. 즉, 이곳 지형이 떡 반죽을 치는 안반처럼 오목하면서도 널찍하기에 안반데기라고 불리게 됐다.

안반데기는 한국 전쟁 후 미국의 양곡원조로 개간을 시작해 1965년 전후에 조성된 마을로 1995년도에 주민들이 개간된 농지를 불하받았는데, 지금은 28가구의 주민들이 사는 전국 최대 규모의 고랭지 채소 단지이다.

마을에는 화전민들의 고단한 삶과 애환이 담긴 생활상을 보여 주는 안반데기 사료 전시관, 귀틀집을 복원한 숙박 시설 운유촌, 그리고 화전민들이 소와 함께 밭을 일굴 때의 애환을 엿볼 수 있는 멍에전망대 등이 있다.

멍에전망대? 아마도 지금의 젊은이들은 멍에가 무엇인지 모를 수도 있다. 옛날에 소로 농사를 짓던 시절, 논이나 밭을 갈기 위해서는 논밭을 가는 기구인 쟁기라는 것을 소의 몸에 연결해 소가 그것을 끌어야 한다. 이때 줄이 여러 갈래로 이어져 있는 구부러진 나무 막대를 소의 어깨에 고정시켜 쟁기와 연결하는데, 구부러진 나무 막대를 멍에라고 부른다. 멍에를 메는 순간부터 소는 힘든 노동을 감수해야 한다.

안반데기가 지금의 배추밭으로 탈바꿈하는 데 얼마나 많은 사람들과 소의 노동이 필요했었는지가 멍에라는 말에 모두 함축돼 있다고 할 수 있겠다. 멍에전망대는 이렇게 힘겹게 일군 밭에서 나온 돌들을 모아서 세운 전망대이다. 그곳에 오르면 안반데기 일대는 물론 동해 바다까지 보인단다.

그러나 지금은 짙은 안개가 잔뜩 끼어 있어 오리무중이니 전망대에 올라야 아무것도 보일 것이 없기에, 멍에를 벗고 벤치에 앉아 한가롭게 차를 마시는 황소상이 문 앞에 있는 휴게소로 들어간다. 커피 잔을 한 손에 들고 앉아서 "나도 좀 쉬자… 커피 마시면서…"라며, 중얼거리고 있는 황소상이 정겨워 보인다.

"그래… 황소야! 이제는 커피도 마시면서 편히 쉬어라."

말을 경어체로 바꿔야겠다. 힘들게 고생만 한 황소에게 반말을 한다는 것은 예의가 아니다.

"황소님… 편히 쉬십시오. 그동안 고생 많이 하셨으니 오랫동안 편하게 쉬십시오."

휴게소로 들어가 문밖의 황소가 마시고 있을 커피를 주문하며, 주위 벽에 걸려 있는 안반데기 옛날 사진들과 이런저런 유래를 담은 글들을 읽는다. 사진과 글에는 신산스러웠던 옛 화전민들의 생활상이 그대로 엿보여 가슴이 짠하다.

예나 지금이나 민초들의 삶이라는 것을 보면, 좋아지는 것은 없이 언제나 그 밥에 그 나물이다. 그런데 민초들은 왜 이렇게 신산스럽고 어렵게만 살아야 하는 것일까? 전생에 잘못 쌓은 업이 많은 윤회설의 결과인가? 그런데 윤회설이 과연 믿을 만한 것인가? 그것이 믿을 만한 것이라면 후생에 복을 받기 위해서라도 지금부터 열심히 덕을 쌓아야만 하는가?

그런데 어렵게만 살아가는 민초들이 쌓아야 할 덕은 과연 무엇이고, 그 덕은 어디에 있을까?

애마야! 그만 일어나 횡계시외버스터미널로 가자꾸나.

피덕령(안반데기)에서 횡계시외버스터미널까지는 14km가량이다. 당연히 내리막인 안반데기길은 도로 폭도 좁고 길 상태도 좋지 않다. 그래서 그런지, 길 확장 공사를 위해 길 여기저기를 뜯어 놓았다. 한곳에서는 전신주를 옮기느라고 커다란 공사 차량이 길을 가로막고 공사가 한창이다.

얼마간 내려가니 왼쪽으로 도암호 가는 갈림길이 보인다. 도암호를 막아 만든 도암댐은 강원도 평창군 대관령면大關嶺面 수하리水下里에 있는 댐으로 1985년 3월에 착공하여 1991년 1월에 완공된 동해안 최초의 수력발전소이며 면적은 144.9km²에 이른다. 낙차가 크고 유량이 적을 때 사용되는 펠톤 수차(pelton turbine)를 설치하고 3상 교류 동기 발전기 2기를 이용하여 발전한단다. 그러나 발전 과정에서 강릉 남대천의 수질 오염 문제가 야기되기도 했다.

도암호 인근 풍광이 아름답다고 많은 사람들이 말하기에 잠시 들를까 하고 생각 했으나 이미 8시간이 넘도록 80km가량 페달을 밟고 끌며, 만만치 않은 고개 5개를 넘느라고 힘이 빠진 상태다. 더군다나 배도 고프기에 도암호 쪽으로는 눈길 한 번 주고 계속 페달을 밟는다.

시나브로 올림픽로로 바뀐 길을 따라 횡계 읍내로 들어서니 제일 먼저 보이는 것이 평창올림픽선수촌 아파트이다. 읍내에도 아파트가 많이 들어서 있고 제법 높은 건물도 눈에 띈다. 스키 타러 오던 사람들 때문에 겨울에만 잠시 활기를 띠던 옛날의 횡계가 아니다.

횡계시외버스터미널에 오니 시계는 오후 3시를 향해 가고 있다. 3시 50분에 출발하는 동서울버스터미널행 버스표를 끊은 후 음식점으로 들어가 황태해장국 한 그릇을 시킨다.

애마야! 고생했다.

11

열한 번째 길
114km 8시간 29분

동서울터미널 – 횡계시외버스터미널 – 대관령옛길 – 강릉 – 진고개 – 이승복기념관
– 운두령 – 진부시외버스터미널 – 동서울터미널

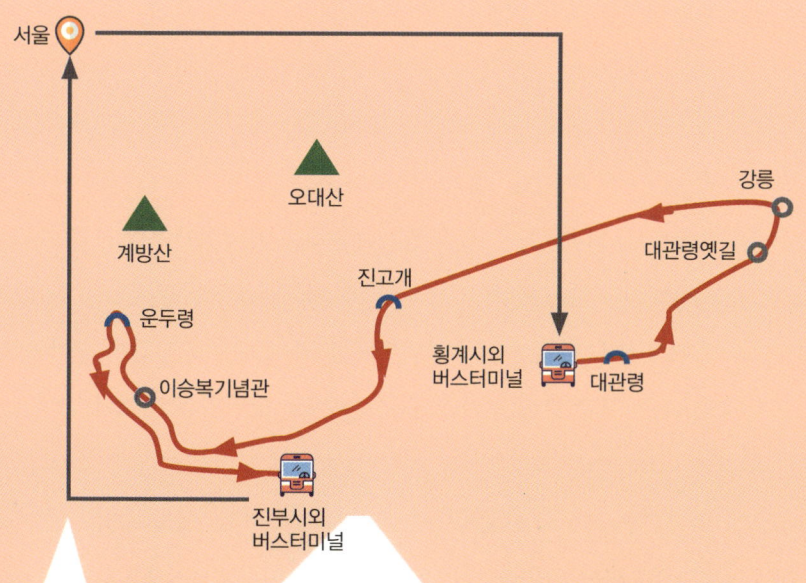

　2019년 8월 7일 수요일 새벽 5시 30분.

　백두대간 고개 넘기 열한 번째 길을 나선다. 6시 22분에 동서울터미널을 출발한 버스는 9시에 횡계시외버스터미널에 나를 내려 준다. 근처 식당에서 황태해장국을 한 그릇 먹고 자전거에 오른다.

　횡계시외버스터미널에서 **백두대간 마흔네 번째 고개 대관령**大關嶺(832m) 정상까지는 7km가량이다.

　횡계 쪽에서 오르는 대관령 오름길은 힘들지 않다고 사람들이 이야기하지만, 백두대간 고개 중에서 다리 힘 약한 나에게 만만한 고개가 어디 있으랴. 더군다나 옛날부터 고개가 높고 험준하여 오르내리다가 '대굴대굴 구르는 고개'라는 뜻으로 대굴령이라고 부르기도 하고, 영동 지방의 '큰 관문에 있는 고개'라는 의미를 담아 대관령大關嶺이라고 부른다는 아흔아홉 구비 길의 백두대간 고개인데 말이다.

그러나 내 주특기인 끙끙, 흐느적흐느적 신공을 발휘하여 자전거에서 내리지는 않고 그럭저럭 대관령 고갯마루에 오른다. 대관령 표지석 사진을 찍고 강릉 쪽으로 조금 내려가니 신사임당 사친비가 우뚝하다.

慈親鶴髮在臨瀛(자친학발재임영)
心向長安獨去情(심향장안독거정)
回首北村時一望(심향장안독거정)
白雲飛下暮山靑(심향장안독거정)

늙으신 어머님을 고향에 두고
외로이 서울로 가는 이 마음
이따금 머리 들어 고향을 바라보니
흰 구름 떠 있는 곳 저녁 산만 푸르네

신사임당이 38세 때 어린 율곡의 손을 잡고 강릉 친정에서 시댁으로 가는 도중에 백발의 어머니를 모시지 못하고 시댁으로 돌아가야 하는 안타까움을 담아 대관령 중턱에서 고향 마을을 내려다보며 지은 시이다.

사친비 사진을 찍고 잠시 더 내려가니 큼직한 대관령 옛길 표지석이 서 있다. 옛날에 반정半程이라고 불리던 곳이다. 반정은 대관령 길의 절반되는 곳이라는 뜻인데 강릉과 횡계 사람들은 반쟁이라고 부른다. 이곳에서 아스팔트 길을 버리고 오른쪽 흙길로 들어서면 '강릉바우길 2구간'이라는 트레킹 코스로 만들어진 대관령옛길이다.

대관령(옛길)은 고려 시대 이래 영동과 영서를 잇는 교통로이자 교역로였다. 강원도 관찰사를 지낸 송강松江 정철鄭澈이 지나면서 〈관동별곡關

東別曲)을 읊조리고, 강릉이 고향이던 신사임당申師任堂이 어린 율곡栗谷을 데리고 넘던 길이기도 하다. 영동 지방 선비들이 과거를 보러 한양으로 가기 위해 넘기도 하였으며 또한 보부상들이 영동 지방 물산을 짊어지고 힘들게 오르던 고갯길이다. 대관령옛길은 2010년에 명승 제74호로 지정됐다.

나는 나이가 70살이 돼서 자전거를 타기 전까지는 나름 열심히 산을 다녔다. 나이가 10살, 많게는 20살 가까이 차이 나는 친구들이랑 형님, 동생 해 가며 우리나라 방방곡곡의 산을 다녔다. 때로는 당일치기로, 때로는 1박 2일, 또는 2박 3일씩 야영을 해 가며 돌아다니기도 했다.

어느 해 여름. 그들과 함께 선자령을 거쳐 대관령을 올라와, 대관령옛길인 이 길을 따라 걸은 적이 있다. 그때를 생각하며 나는 대관령에서 강릉 내려가는 길은 아스팔트길을 버리고 옛길을 따르기로 한다.

이곳을 MTB(Mountain Bicycle)를 타고 내려가는 사람들도 있다고 하지만 나는 대략 6km 정도의 이 길을 거의 끌어야 할 것이다. 이 길은 걷는 사람 위주의 트레킹 코스로 만들어졌기에 당연히 끌어야 한다.

시작점인 통나무 계단부터 자전거를 들고 내려가, 나무뿌리도 간간이 드러나 있는 울퉁불퉁한 흙길을 따라 자전거를 끌기 시작한다. 그런데 길이 예전보다 많이 나빠졌다. 어느 길은 자전거를 끌기도 벅차다. 가끔은 자전거를 들어올리기도 하면서 힘들게 자전거를 끈다.

3km쯤 내려오니 옛날에 주막이 있던 주막터라고 주막을 재현해 놓은 곳이 있다. 젊은 친구들과 이 길을 걷다가 여기서 쉴 때의 기억이 새롭다. 그때는 내가 그 친구들 사이에서 '주酒 향向한 교회敎會 목사'로 불릴 때이니 주막酒幕에 왔으면 주酒님을 모시는 게 당연지사였다.

배낭에서 막걸리 병과 잔을 꺼내는데, 누구인가 오더니 여기서는 술을 마실 수 없단다. 그렇다고 우리가 酒님을 안모시면 '酒 向한 敎會' 목사와 신도들이 아니다. 열렬 신도 두어 놈과 으슥한 곳을 찾아 들어가 막걸리 두 병을 비우고는 시치미를 떼고 나왔었다.

　잠시의 회상에서 벗어나 사진을 찍으려고 카메라를 꺼내는데 한 사람이 오더니 여기는 자전거 출입금지라며 빨리 내려가란다. 전에는 술병 때문에, 이번에는 자전거로…. 하기야 이 길은 등산객들만 다녀야 하는 트레킹 길이기는 하다.

　내려갈수록 길은 더 험해진다. 바위 위를 걸어야 하는 길도 있다. 자전거가 없다면 그냥 그렇고 그런 바윗길이지만 자전거 신발을 신고 자전거를 끌어야 하는 나에게는 정말로 죽을 맛이다. 이 길로 들어온 것이 후회되기도 하지만 이제는 어쩔 수 없는 일 아니겠는가.

　거의 5km가량을 끙끙거리니 길이 아스팔트로 바뀐다. 휴우~ 살았다. 우주선 모양을 한 우주선 화장실이라는 곳에서 소변을 보고 나와 잠시 쉬며 숨을 고른 후 강릉바우길 2구간 끝점인 대관령박물관으로 자전거 페달을 밟는다.

아스팔트길을 따라 열심히 페달을 밟는데 갑자기 고개가 하나 나타난다. 아마도 원울이재員泣峴인 모양이다. 원울이재는 옛날에 강릉부사가 부임할 때, 이 고개를 넘어오다가는 고개가 험해서 울고 임기가 끝나 다시 고개를 넘어갈 때는 강릉 인정에 감복해 울었다는 데서 원울이재라는 이름이 붙었단다.

이곳에서 잠시 내려가니 대관령박물관이다. 대관령박물관에서 강릉 시내는 대략 10km가량이다.

　강릉은 조선 시대 반항아 교산蛟山 허균許筠(1569~1618)이 태어난 곳이다. 물론 율곡 이이 선생 어머니 신사임당의 고향이고 율곡이 태어난 곳이기도 하지만 친구들의 평소 말대로 내 성격이 삐딱해서 그런지 나는 이상하게 허균에게 먼저 마음이 끌린다.

　허균은 어릴 때부터 총명했고 문재文才도 있었으며 흔히 말하는 집안 또한 좋았다. 그러나 그 당시로는 이단 중에 이단이라 할 수 있는 백성 중심의 세상을 꿈꾸는 사상을 갖고 있었기에 여러 가지 물의를 일으키는 삶을 살았다.

　백성 중심의 세상을 꿈꾸는 사상을 갖고 있던 그의 글 《호민론豪民論》은 '천하에서 가장 두려운 것은 백성이다'라고 시작되는데, 정약용의 《탕무혁명론湯武革命論》과 함께 이 분야의 걸작으로 손꼽히는 책이다. 허균은 《호민론》에서 백성을 세 부류로 나눈다.

　첫째는 그냥 흘러가는 대로 살아가면서 윗사람에게 충성을 바치는 항민

恒民으로, 탐관오리들은 그들을 전혀 무서워하지 않는다. 둘째는 그들에게 힘들게 모은 재산을 착취당하고 혼자 우는 백성, 원민怨民이다. 그들도 별로 무서운 존재는 아니다.

다음은 호민豪民으로, 이들은 잘못되어 가는 세상에 불만을 품고 인적이 없는 곳에 잠적을 하여 잘못된 세상을 바로잡을 기회를 노리는데, 탐관오리들에게는 이들이 바로 무서운 존재이다. 이들이 주먹을 흔들며 세상의 개혁을 외쳐 대면 원민은 즉각 호응을 하고 뒤이어서 순종만 하던 항민들도 따라나선단다.

《호민론》 내용과 같이 당시에는 당연히 반역적 사상인 백성 중심 세상을 꿈꾸던 허균은, 그 당시 강릉에서는 알아주던 양반 가문 출신이고 머리와 문재(文才)도 있었으나 결국 벼슬아치나 문사가 아닌 반역자 신세로 50세 나이에 죽임을 당한다.

그런데 과연 허균은 반역자인가? 아니면 시대를 앞서 살아간 선각자인가? 내가 생각하는 허균은 당연히 시대를 앞서 살아간 당대의 선각자이다.

허균의 별호 교산蛟山은 이무기 산을 뜻한다. 그가 태어난 강릉 사천의 뒷산 이름이기도 하다. 이무기는 용이 되지 못한 전설의 동물이다. 1,000년을 물속에서 살아야 용이 된다고도 한다. 그 당시에 용이라는 단어는 왕을 가리키는 이칭異稱이기도 했다.

그런데 허균이 역적으로 몰려 죽임을 당할 때 "허균이 스스로 왕이 되려고 했다"는 증언이 나온다. 증언 자체는 조작일 수도 있다. 그러나 평소의 허균 마음속에는 세상을 바꾸고 스스로 용이 되려는 마음이 당연하게 있었을 것이라고 나는 생각한다. 그러나 이무기에서 용이 되기를 꿈꾸던 허균이 생각하는 왕은 과연 어떤 왕이었을까?

그 당시에는 결코 꿈도 꿀 수 없었던 민주주의 절차에 따라 선출된 왕이었을 것이다. 그렇게 선출된 왕을 중심으로 모든 백성들이 신분 차별 없이 평등하게 살면서 각자의 실력과 재주에 따라 벼슬하고 출세도 하는 나라를 꿈꾸었을 것이다. 나는 그 단초를 그가 쓴 책《호민론》에서 읽는다.《홍길동전》율도국에서 보고 있다.

어떤 친구는 이런 나를 보고, "너는 70이 넘은 나이인데도 생각이 굉장히 진보적이다"라고 말한다. 자기 나름의 철저한 국가주의적 국가관을 갖고 있는 그 친구는 진보와 빨갱이를 동일 개념으로 생각하기에 친구인 나에게 빨갱이라고 말을 못했을 뿐이지 "너는 좌파 빨갱이"라는 이야기이다.

그런데 그 친구가 갖고 있는 국가주의라는 것은 어떠한 이념인가? 국가주의는 국가를 가장 우월적인 조직체로 인정하고 국가 권력이 경제 및 사회 정책을 통제해야 한다고 주장하는 이념이라고 사전은 풀이한다.

이어서 국가주의는 질서를 유지하기 위해 최소한의 사법 집행 기관만을 인정하는 야경국가주의, 체제부터 최대한의 통제적 국가를 의미하는 전체주의, 오직 국가의 권력을 위해 개인이 존재하는 파시즘, 생산 수단을 국가가 소유하고 국가에 의해 자원이 할당되는 국가 사회주의 등 다양한 형태를 포괄하는 개념이라고 설명한다.

그러나 내가 생각하는 국가주의라는 이념은 야경국가주의를 제외하고는 지금 세상에서는 합당치 않은 이념이다. 예부터 권력이라는 것이 국가주의라는 이념과 잘못 접목되면 권력을 잡은 자들은 국가주의를 자기 입맛에 맞게 왜곡시키면서 국가를 그네들의 개인 권력을 강화하는 도구로 이용하고는 했다.

또한, 그러한 과거 권력자들의 행위가 잘못된 것이라는 인지는 하고 있을지라도 자기의 권력과 이익을 위해서 과거와 똑같은 행태를 계속 저지르고 있는 자칭 정치 지도자라는 사람들을 우리는 아직도 자주 접한다.

그러나 그 친구는 나라 없이 어떻게 개인이 있을 수 있냐고 말하곤 하는데, 반대로 백성 개개인이 없으면 어찌 나라가 있을 수 있겠는가? 그리고 내가 지금 이야기하는 것은 국가주의 이념의 필요성 여부를 말하는 것이지 국가 존재 여부를 논하는 것은 아니다.

만약에 국가 존재 여부를 논하는 자리라면 나는 당연하게 국가는 있어야 한다고 이야기할 것이다. 다만 국가의 주인은 일부 특권층이 아니고 민초들이 그 주인이 되는 나라가 돼야 한다는 것이 전제이다. 갑자기 생각나는 《맹자》의 한 구절을 읽어 보자.

孟子曰 民爲貴, 社稷次之, 君爲輕(맹자왈 민위귀, 사직차지, 군위경)
맹자가 말했다. 백성이 귀하고, 나라는 그 다음이고, 임금은 가볍다.

지금부터 2,700여 년 전, 절대왕권주의 시절인 전국 시대에 맹자는 무슨 까닭으로 이런 말을 했을까? 또한 그의 중심사상인 인의仁義는 과연 누구를 위한 어질음이고 무엇을 위한 올바름일까? 그 중심은 당연히 민초들이라고 나는 생각한다.

그러나 여기에서 내가 말하는 민초들이란 보편타당하고 건전한 상식을 갖고 있는 일반 사람을 이야기하는 것이다. 다른 사람은 나 몰라라 하고 오직 자기 이익만 추구하는 자기중심의 사람들을 이야기하는 것은 물론 아니다.

그런데 그 친구 생각과 같이 과연 나는 진보주의자이며 좌파일까? 서울 사대문 안 서촌西村 인근의 중류 가정에서 태어나 70이 넘도록 서울에서만 살고 있는 그간의 내 생활 행태나 주위 여건으로 보건대, 나는 결코 진보주의자나 좌파는 될 수 없는 사람이다. 다만, 나를 진보주의로 보는 친구가 진정한 보수의 개념을 잘 모르고 있기에 혼동하고 있을 따름이다.

일본 전 총리 나까소네 야스히로(中曾根康弘)가 쓴 책 《보수의 유언》 한 구절을 읽어 보자. "진정한 보수는 원칙을 지키며 끊임없이 개혁한다." 바로 공자가 말한 온고이지신溫故而知新의 다른 말이다.

쓸데없는 잡소리가 길어졌다. 송강松江 정철鄭澈의 술 권하는 시조 〈장진주사將進酒辭〉나 읊으며 대관령과 아니, 교산蛟山, 신사임당申師任堂, 율곡栗谷과도 이별해야겠다.

한 잔 먹세그려 또 한 잔 먹세그려
꽃 꺾어 산 놓고 무진무진 먹세그려

이 몸 죽은 후에 지게 위에 거적을 덮어 메어 가나
곱게 꾸민 상여를 타고 만인이 울며 따라 가나
억새와 떡갈나무숲에 한번 가기만 하면

노란 해와 하얀 달이 뜨고
가랑비와 함박눈이 내리며 회오리바람이 불 때
그 누가 한 잔 먹자고 하겠는가

하물며 무덤 위에 원숭이들이 휘파람 불 때
뉘우친들 무슨 소용이 있으리

조선 중기의 학자 홍만종(1643~1725)은 그의 저서 《순오지旬五志》에서 송강의 〈장진주사〉를 "이백, 두보의 시를 모방하고 시구도 취하여 지었으나 글의 뜻이 통달하고 글귀가 처완하다(詞旨通達 句語悽挽)"라고 말한바 있다.

동서고금을 통하여 술 권하는 노래가 얼마나 많겠느냐마는 〈장진주사〉는 당시 벼슬아치와 양반들의 권위주의적 체통을 깡그리 벗어던진 노래이기에 더욱 풍류적인 멋이 풍기는 시조라 할 수 있다.

그러나 송강은 두 얼굴의 사나이다. 학자로서의 그는 평생 술을 즐기며 한학漢學은 물론 그 당시에 유행하던 가사 문학歌辭文學 등, 문학에도 천재적 재능을 보인 문장가였다.

지금도 고등학교 국어 교과서에 송강의 〈사미인곡思美人曲〉과 〈속미인곡續美人曲〉이 실려 있는지는 모르겠으나 내 고등학교 시절에는 대학 입학시험 국어 문제로도 가끔 출제되던 두 글을 외우느라고 머리에 쥐 나던 적도 있었다.

반면에 정치인으로서는 냉혹하고 잔인했다. 대표적인 것이 임진왜란 직전인 1589년에 일어난 동인東人 정여립 모반(?) 사건 처리였다. 서인西人 영수였던 송강은 스스로 수사반장 역할을 맡아 3년에 걸쳐 1,000명이 넘는 동인 선비들을 죽였다. 역사는 이를 기축옥사己丑獄事라고 기록하고 있다.

그러나 끝내는 선조에게 토사구팽兎死狗烹 당하고 강화도에 우거하다가 술로 인한 병이 들어 파란만장한 삶을 마감한다. 그의 나이 58세였다.

애마야! 다음 고개는 진고개이지?

대관령박물관에서 진고개까지는 약 42km가량이다. 대관령박물관에서 경강로를 따라 2km가량 페달을 밟아 굴면동 삼거리에서 좌회전을 하니 길은 성연로로 바뀐다. 터널도 지나며 그렇고 그런 길을 따라 계속 흐느적거리며 20km가량 페달을 밟으니 왼쪽으로 오대산 청학동 소금강 들어가는 길이 보인다.

청학동 소금강 지구라고 불리는 이곳은 오대산이 국립공원으로 지정되기 이전인 1970년 1월부터 이미 명승名勝 제1호로 지정됐다. 소금강이라는 지명은 율곡 이이李珥가 쓴 《청학산기》에서 이곳 경치가 금강산을 닮았다고 하여, 소금강이라고 부른 데서 유래했다.

소금강은 무릉계武陵溪를 경계로 내소금강과 외소금강으로 나뉜다. 내소금강에 명소가 많은데 그중에서도 구룡연九龍淵이라고도 하는 구폭구담九瀑九潭의 구룡폭포와 만물상萬物相 일대의 경치가 특히 아름답다. 구룡폭포 부근의 아미산성娥媚山城은 고구려와 신라가 각축하던 싸움터였고 연화담 위에 있는 금강사金剛寺는 비구니 사찰로 유명하다.

오래전에 집사람이랑 이곳에서부터 산행을 시작해 소금강, 노인봉대피소, 노인봉을 거쳐 진고개까지 걸었던 기억이 아련하다. 산 좋아하는 늙은 놈 만나 이 산, 저 산 쫓아다니느라고 고생 아닌 고생깨나 했던 집사람. 이제는 집사람이 나보다 더 잘 걸으나 반대로 내가 산에 가지 않는, 아니 가지 못하는 신세로 역전되었다.

그때를 생각하며 금강사 근처까지라도 올라가 보고 싶으나 왠지 조급한 마음에 소금강 쪽으로는 눈길 한 번 흘깃 주고 진고개로를 따라 자전거 페달을 밟는다. 여기에서 진고개까지는 16km가량이지만, 8km가량은 빡센 오르막이니 3시간 가까이는 흐느적거려야 할 것이다.

더위와 힘듦에 땀을 비 오듯 흘리며 약간의 오르막길을 따라 7km가량 페달을 밟으니 길 왼쪽으로 송천휴게소가 보인다. 갑자기 아이스케이크가 먹고 싶기에 땀도 식힐 겸 휴게소로 들어가 아이스케이크를 찾으니 없단다. 이름은 휴게소이지만 사실은 음식점인데 내가 잘못 알고 들어온 것이다.

자전거를 돌려 터덜터덜 나오는데 아주머니가 쫓아오며 얼음이 둥둥 뜬 생수 한 병을 건넨다. 돈을 주려고 지갑을 꺼내는데 날도 덥고 힘드신 것 같으니 그냥 드시란다. 무슨 할 말이 있겠는가? 고맙다는 말만 겨우 하고 그늘을 찾아 앉아 차디찬 얼음물을 마신다. 따뜻한 사람의 정을 마신다.

정이 담긴 물 한 병을 다 마시며 땀을 식힌 후 다시 자전거에 오른다.

잠시 페달을 밟으니 고개가 고개를 치켜들기 시작한다. 오르막 차로까지 있는 본격적인 오르막이다.

고개가 고개를 들면 나는 고개를 숙여야 하는 것이 백두대간 고개를 넘는 동안 나에게 주어진 숙명. 고개를 푹 숙이고 끌다, 쉬다를 반복하며, 땀도 한 바가지는 흘리며 자전거와 함께 흐느적거리기 시작한다. 정말로 힘들게 1시간이 훨씬 넘도록 흐느적거리니 앞으로 생태 이동 통로와 진고개 표지판이 보인다. 진고개 정상이다.

　백두대간 마흔다섯 번째 고개인 **진고개**(960m)는 강원도 강릉시 연곡면과 평창군 도암면을 잇는 고개이자 백두대간 줄기 오대산 노인봉과 동대산을 이어 주는 고갯마루이다.

　고개가 길어서 긴 고개라 불리다가 이 지방 사투리의 구개음화로(ㄱ→ㅈ) 진고개가 되었다 하기도 하고, 비만 오면 땅이 질어지기에 질은 고개를 뜻하는 진고개로 됐다고 하기도 한다. 진고개를 한자화해서 니현泥峴이라고도 하는데, 《조선지도》와 《대동여지도》에는 이 한자식 이름으로 표기돼 있다.

　그러나 나는 고개가 길어서 부르던 긴 고개가 구개음화로 인해 진고개로 불리게 되었다는 이야기가 더 귀에 들어온다. 진고개는 동쪽 시작점 강릉시 연곡면 소금강부터 서쪽 끝점인 오대산 병안 삼거리까지의 거리가 거의 30여 km에 달하는 긴 고개이기 때문이다.

진고개 정상에서 진고개 탐방로를 따라 3km가량 발품을 팔면 오대산 노인봉(1,338m)이다. 노인봉은 오대산에 있는 단독 봉우리로 청학동 소금강으로 내려가는 시작점이기도 하다.

노인봉 밑에 있는 노인봉대피소는 지금은 국립공원관리공단에서 운영하는 무인대피소로 변했지만, 2006년까지만 해도 기인 이미지가 풍기는 성량수 씨가 운영하던 대피소였다. 백두대간을 뛰면서 종주하기도 했던 그는 2006년에 노인봉대피소에서 내려와 상계동 근처에서 '노인봉산막'이라는 막걸릿집을 하기도 했으나 지금은 춘천 삼악산 흥국사 근처에서 '삼악산 운파雲波산막'을 운영한단다. 운파雲波는 그의 별호이다.

애마야! 그만 운두령으로 가자꾸나.

진고개 정상에서 월정사 들어가는 길과 갈리는 병안삼거리까지 9km는 내리막이다. 가끔 브레이크도 잡으며 조심스레 다운힐을 한다. 병안삼거리에서 우측 월정사 쪽으로는 눈길 한 번 주고 진부 방향인 좌측으로 핸들을 꺾는다.

진고개로, 경강로 등을 따라 계속 페달을 밟는데 내 아킬레스건인 고개가 슬며시 나타난다. 2018년에 속사재 밑으로 터널을 뚫었다던데 웬 고개? 그러나 조금 흐느적거리니 곧 속사터널이다. 제법 긴 터널을 약간의 무서움 속에 통과하고 속사삼거리에서 인제, 창촌 방면으로 우회전한다.

이제 5km 정도 페달을 밟으면 '이승복기념관'이 나온다. 그런데 길이 속도가 나지 않는 게 고개 같은 느낌이다. 2년 전에 자전거 카페 회원들과 운두령을 오를 때는 고개 같은 느낌 없이 그냥 지나쳤는데, 여럿이 자전거 탈 때와 혼자 탈 때는 심리 상태도 다른 모양이다.

운두령로를 따라 30분 정도 슬슬 페달을 밟으니 앞쪽으로 이승복기념관이 보인다.

북한은 1968년 1월 21일 청와대 습격을 목표로 김신조를 비롯한 무장 공비를 남파하였으나 실패로 돌아간 후, 11월에 다시 120명의 무장 공비를 울진과 삼척에 남파한다. 당시 9살이었던 이승복은 국군에게 쫓겨 이북으로 도망가던 무장 공비들에게 형 승권 씨를 제외한 나머지 가족들과 함께 살해당한다.

당시 이승복의 아버지 이석우(35세)는 집을 비운 상태였고, 집에는 어머니 주대하(33세)와 함께 형 승권(15세), 승복(9세), 그리고 남동생 승수(7세)와 여동생 승자(4세) 4남매가 있었다. 이승복의 초가집에 침입한 공비들은 아이들에게 북한 체제를 선전하며 사상적 귀순을 강요했단다.

이때 이승복은 "나는 공산당이 싫어요"라고 말했으며, 격분한 공비들은 어린 승복의 멱살을 잡고 입을 벌린 후 대검으로 이승복의 입을 찢어 살해했다. 이후 발견된 승복의 시신에는 오른쪽 입술 끝부터 귀밑까지 찢어진 상처와 뺨 중간과 귀 근처에 십자 형태의 상처 2개가 뚜렷했단다.

그러나 울산시 교육청 교육감은 최근 열린 간부회에서 "초등학교를 방문해 보니 이승복 동상이 있는데 시대에 맞지 않거니와 사실 관계도 맞지 않는 것으로 알고 있다며 이른 시일 안에 없앴으면 좋겠다"고 말해, 사실상 이승복 동상 철거를 지시해 논란이 일고 있다.

당시 이승복이 말했다는 "공산당이 싫어요"라는 말의 진위 여부에 대하여는 이야기하지 말자. 그러나 이승복을 비롯한 4명의 가족이 북한 무장공비에게 무참하게 살해된 것은 엄연한 사실이다. 더군다나 이승복만 유독 입술 끝부터 귀 밑까지 찢어진 상처가 있기도 하다. 그런데 울산시 교육감의 사실 관계가 맞지 않다는 주장은 무엇을 뜻하는 것인지….

이승복 사건은 없었던 것을 조작한 거짓 사건이라는 말인가? 이승복 사건의 조작설은 김대중 대통령 시절이었던 1998년, '미디어오늘'의 편집국장 김종배의 기사가 발단이었다. 김종배는 〈"공산당이 싫어요" 이승복 신화 이렇게 조작됐다〉라는 기사를 통해 조선일보 기사는 작문이라며 비판했고, 그 기사를 바탕으로 그 당시 언론시민연대 사무총장이던 김주언이 오보전시회를 연다.

이에 조선일보는 김종배와 김주언을 명예훼손 혐의로 법원에 고소한다. 7년이 넘는 재판 끝에 노무현 대통령 재임 때인 2006년, 대법원 형사2부는 김주언 전 언론시민연대 사무총장에게는 징역 6월에 집행유예 2년을, 김종배 전 미디어오늘 편집장에 대해서는 무죄를 확정한다.

또한 재판부는 판결문에서 사건 당시 이승복의 "나는 공산당이 싫어요" 발언에 대해 승복의 형 승권 씨 진술과 당시 이를 전해 들은 이웃 주민 최순옥, 서옥자 씨 등의 일치된 증언, 시신 중 유일하게 입가가 찢어진 이승복의 시신 사진 등을 종합해 볼 때 이승복의 발언은 사실로 판단된다고 밝혔다.

1968년 1월에 있었던 북한 무장 공비 청와대 습격 사건인 1.21 사태와 11월에 있었던 울진·삼척 무장 공비 침투 사건을 나는 제대 말년에 군대 생활을 하면서 겪었다.

그 당시 1.21 사태 여파로 군대 복무 기간이 6개월 연장되었고, 그에 따라 제대가 늦어진 나는 그해 12월에 동해안 방어 및 경비를 목적으로 안동 예비사단에서 발족한 '동해안 방어사령부' 창설 요원으로 차출됐다가 신체검사에서 떨어져 원대 복귀하기도 했다.

더 멀리는 비록 6살의 어린 나이였지만 지금도 생생하게 기억이 나는 한국 전쟁의 참상과 극심한 좌우 이념의 대립을 피란도 못 가고 서울의 사직 공원 인근에 살며 직접 보기도 했다. 국군이 이북으로 진격하고 있으니 서울 시민들은 안심하라는 당시 대통령 이승만의 라디오 방송을 들으며(방송 녹음을 해 놓고 이승만은 이미 부산으로 도망가 있었다) 하룻밤을 지내고 나니 우리 동네에도 인민군이 들어왔다.

그리고 지금은 흔적도 없이 사라진 조선조 14대 왕 선조의 아버지 덕흥부원군이 살던 도정궁都正宮, 우리는 의미도 모르고 그냥 '도장궁'이라고 부르던 그곳에 그들의 병영兵營을 차렸다. 어린 나이의 나는 스스럼없이 그들을 찾아가 그 당시에는 귀하디귀한 쌀밥을 얻어먹기도 하고, 나를 번

쩍 안고 보여 주는 그들의 외망원경을 들여다보며 신기해하기도 했었다.

그러나 사직공원에서는 비극의 참상이 벌어졌다. 소위 말하는 빨갱이 남로당원들이 미처 피하지 못한 우익이라는 사람들을 묶어서 끌고 왔다. 그러고는 부역자라며 죽창으로 죽이는 광경을, 어린 나이의 나는 차마 눈 뜨고 볼 수가 없었기에 무서움에 떨며 집으로 도망쳐 왔다.

인천 상륙 작전으로 국군과 미군이 다시 서울로 들어온 9.28 수복 후에는 반대 현상이 벌어져 이번에는 또 다른 이념의 부역자 남로당원들이 사직공원에서 똑같이 죽어야 했다. 사상과 이념은 달랐을지라도 그들은 막걸리잔을 함께 나누던 한동네 친구 사이였는데 말이다.

그런데 죽창을 휘두르거나 총을 쏘지 않을 뿐이지 작금에 벌어지고 있는 진보, 보수라는 사람들의 이런저런 말과 행태는 과연 70년 전에 벌어졌던 좌우 대립과 무엇이 다른가?

이승복 사건을 조작이라고 주장하는 사람들이 보수 정권하에서도 그렇게 말할 수 있을까? 더군다나 이승복 사건은 오래되지도 않은 50년 전의 일이며, 목격자와 자료들이 아직도 많이 남아 있다. 대법원에서도 죽은 이승복의 입이 찢어져 있던 것으로 보아, 사실로 인정된다고 판결한 사건이다. 그런데 이러한 사건이 조작이라니?

이 또한 국회의원 공천이라도 바라는 사람들이 정권을 향해 바치는 '용비어천가'인가? 아니면 일반적 상식과 사고조차도 갖추지 못한 거시기한 사람들의 헛소리인가? 보수 정권이든 진보 정권이든 간에 언론의 자유, 사상의 자유는 당연하게 보장해야 한다. 그래야 진정한 민주주의 나라이며, 나름 살 만한 나라라 할 것이다.

그러나 사실인 것을 아니라고 주장하고 사실이 아닌 것을 사실이라고 억지 부려 시민과 국민을 기망欺罔하는 것까지 언론의 자유이고 사상의 자유라고 보장해 줘야 하는지는 의문이다. 이런 의문은 지금의 진보 정권뿐만 아니라 보수 정권 때도 가졌던 내 의문이다.

애마야! 힘든 오르막인 운두령이 기다리고 있구나. 우리 그만 출발하자.

이승복기념관부터 운두령 정상까지 7km가량은 계속 오르막이다. 끙끙, 흐느적흐느적, 내 모든 오르기 신공을 펼치며 열심히 자전거 페달을 밟는다.

온갖 신공을 발휘하며 페달을 밟다 보니 재작년에 자전거 카페 회원들과 이곳을 오르다가 내가 자전거에서 내린 곳이다. 그때, 자전거를 끌면서 헤어핀 한 곳을 도니 앞쪽으로 보이던 운두령 정상. 아이구야! 조금만 더 참으며 끙끙거리면 될 것을… 자전거에서 내린 것이 얼마나 아쉽던지….

그러나 이번에는 재작년의 실수를 만회해야 한다. 엄마 젖 먹던 힘까지 짜내며 페달을 밟는다. 끙끙, 흐느적흐느적. 드디어 운두령 정상이다.

운두령雲頭嶺(1,089m)은 강원도 홍천군 내면과 평창군 용평면을 잇는 고개로 31번 국도가 지난다. 고개가 높아서 언제나 머리에 구름을 이고 있기에 운두령雲頭嶺이라고 불린단다.

백두대간상의 고개는 아니고 오대산 두로봉에서 시작하는 한강기맥상의 고개인데, 차로 넘을 수 있는 고개 중 국도가 지나가는 고개로는 우리나라에서 가장 높은 고개이다. 일전에 넘은 만항재가 차로 넘을 수 있는 고개 중에 제일 높은 고개지만, 그 고개는 국도가 아닌 지방도가 지난다.

매점에서 음료수 한 캔을 사 들고 의자에 앉아 잠시 회상에 젖는다. 운두령을 품고 있는 계방산桂芳山(1,577m)은 우리나라에서 다섯 번째로 높은 산이며 겨울 눈 산행지로도 유명한 산인데, 운두령은 계방산을 가장 빠르게 오를 수 있는 들머리이다. 운두령에서 계방산 정상까지 거리는 4km 남짓이고 고도 차이도 448m이니 2시간가량 발품을 팔면 정상까지 오를 수 있다.

내가 산에 다니는 동안 이런저런 이유로 운두령을 오르내린 것이 10번 가까이 된다. 10년 전인 2009년 6월 어느 날에는 한강기맥 종주를 하느라고 오대산 비로봉부터 이곳 운두령까지 후배와 함께 당일로 걸었던 적이 있다. 23km가량의 거리였다.

새벽 3시에 후배 차로 천호동 광장 사거리를 출발하여 상원사 주차장에 주차하고 오전 6시 10분에 주차장을 출발, 오대산 비로봉, 계방산을 거쳐 운두령에 도착하니 오후 3시 25분이었다. 이 산길은 오르내림이 꽤나 심한 길이다. 이렇게 힘든 산길 23km를 9시간 15분이나 걸었던 것이다. 하지만 한창 혈기왕성한(?) 60대 중반이던 그때는 그리 힘든 줄도 몰랐다.

또 어느 해 겨울에는 젊은 친구들이랑 야영을 하며 계방산부터 오대산까지 종주할 계획으로 운두령을 출발했으나 전날 내린 폭설로 인해 눈이 허벅지까지 쌓여 도저히 진행을 할 수 없었다. 할 수 없이 중간 적당한 곳에서 야영을 하고 방아다리약수터 쪽으로 탈출한 적도 있었다. 산 근처에는 가지도 않는 지금의 내 모습을 보면 '믿거나 말거나' 한 이야기겠지만 그때는 그랬었다.

애마야! 이제 그만 진부시외버스터미널로 내려가 집으로 가자꾸나. 오늘도 수고 많았다.

12

열두 번째 길
37km 3시간 20분

올림픽공원 – 인제 합강정휴게소 – 미시령 – 속초 장사항 – 한계리 황토 집 1박
*장사항과 한계리는 차로 이동

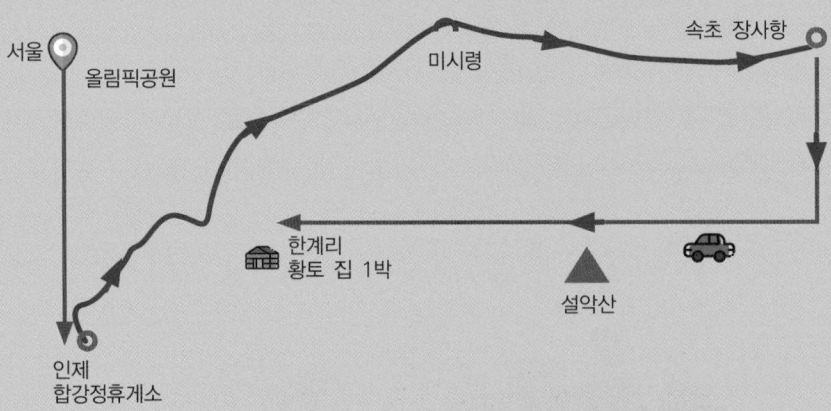

이제 백두대간 고개 넘기도 마지막을 향해 달려가고 있다.

남은 고개도 구룡령, 조침령, 한계령, 미시령, 진부령 5개뿐이다. 그러나 고개는 5개에 불과하지만 산의 품이 크고 고개들의 거리가 만만치 않기에 코스를 어떻게 짤까? 하고 고심하고 있는데, 마침 자전거를 같이 타는 카페에 미시령을 오른다는 공지가 오른다.

이 기회에 순서는 바뀔지라도 미시령을 먼저 오른 후, 한계리 예술인마을 근처에 황토 집을 짓고 사는 후배 집에서 하루를 머물며 백두대간 마지막 고개 진부령만 남겨 두고 한계령과 조침령, 구룡령을 마저 오르고 서울로 오기로 마음을 굳힌다. 그리고 한계리 후배에게 하루 신세를 지러 가겠다고 전화를 건다.

남한의 백두대간 마지막 고개들 중 구룡령만 제외하고, 나머지 조침령, 한계령, 미시령, 진부령을 품고 있는 설악산雪嶽山(1,708m)은 남한에서는 한라산, 지리산에 이어서 세 번째로 높은 산이다. 아름다우면서도 웅장하기가 그지없는 우리나라의 대표적 명산이다.

金剛秀而不雄, 智異雄而不秀, 雪嶽秀而雄(금강수이불웅, 지리웅이불수, 설악수이웅).

금강산은 수려하나 웅장하지 못하고, 지리산은 웅장하나 수려하지 못하지만, 설악산은 수려하고 웅장하다.

고려 말 학자 안축(1282-1348)이 설악산을 두고 한 말이다. 산의 품도 넉넉하고 넓어서 설악산 대표적 능선인 공룡능선을 기준으로 동쪽을 외설악, 서쪽을 내설악이라고 부른다. 또, 서북능선 남쪽을 따로 남설악이라고 부르기도 하는, 덩치가 만만치 않게 큰 산이 설악산이다.

　우리가 설악산 하면 일반적으로 떠올리는 설악산 풍경은 대부분 외설악과 관련된다. 그 유명한 천불동 계곡을 비롯하여 비선대, 금강굴, 권금산성, 흔들바위, 울산바위 등 우리가 중·고등학교 때 설악산으로 수학여행을 가면 꼭 들르는 곳들이 모두 외설악권이다.

　이어서 설악산 이야기를 이어 가려는데 갑자기 눈앞이 깜깜해진다. 가슴도 먹먹해진다. 한갓 무지렁이에 불과한 늙은이가 설악산에 대하여 감히 이런저런 이야기를 주절거린다는 것은 오만이라는 생각이 가슴을 때린 것이다.
　고려 전기 때 사람으로 예부시랑, 한림학사 등을 지냈고 고시古詩에 능했던 천민天民 김황원金黃元(1045-1117)이 평양 부벽루에 올랐을 때 일화가 떠오른다.
　그는 부벽루에 걸려 있던 시구들이 신통하지 못하다며 모두 태워 버린 후, 스스로 시를 지어 걸기로 작정했으나 해가 질 무렵에야 겨우 "긴 성벽 한편으로는 넘쳐흐르는 물이요, 넓은 들 동쪽에는 점점이 산이로다(長城一面溶溶水 大野東頭點點山)"라는 시 한 구를 얻는다. 그러나 그는 끝내 대구對句를 채우지 못하고 통곡을 하며 부벽루를 떠났단다.

　나를 어찌 대시인 김황원에 비유할 수 있으랴마는 아마도 김황원의 그 당시 심정도 지금 내 마음 같았을 것이다. 결국 나는 설악산 이야기는 별도로 하지 않기로 한다. 할 수도 없다. 만약에 설악산 이야기를 해야 할 경우가 있다면 예전에 내가 설악산에 들 때 가끔 긁적였던 글의 일부로 대신하기로 한다. 이 또한 설악산에 대한 예의는 아니겠지만…. 또한 설악산 구간은 고개 넘는 순서도 뒤바뀌었다. 해량海諒을 바랄 뿐이다.

시간은 시나브로 흘러 자전거 카페 회원들이랑 미시령을 오르는 날이다. 자전거를 점검하고 전세 버스 탑승 장소인 올림픽공원 평화의 문으로 자전거 페달을 밟는다.

어제부터 내리고 있는 비는 아직도 부슬거리고 있다. 열심히 페달을 밟아 만남 장소에 도착해 먼저 와 있던 회원들과 반가운 인사를 나눈다. 회원들을 태운 버스는 춘천양양 고속도로를 막힘없이 달려 우리를 강원도 인제군 합강정휴게소에 내려놓는다.

비는 그쳤지만 날씨가 우중충한 것이 별로 좋지는 않다. 인원 점검도 하고 각자의 옷도 점검한 후 자전거에 오른다. 우리들은 한계리 민예관광단지까지는 설악로를 따라 달리다가 진부령 쪽으로 좌회전을 하면서부터는 편도 1차선의 옛길을 따른다. 정답기만 한 옛길은 금강산을 넘어 백두산까지 갈 수 있기를 염원하는 '평화누리길'이라는 트레킹 코스로 바뀌었다. 물론 자전거도 같이 달릴 수 있는 길이다.

십이선녀탕 입구도 지나고 백담사 들어가는 길목으로도 정다운 눈길 한 번 주면서 열심히 자전거 페달을 밟는다. 우리 생전에 이 평화누리길이 북쪽까지 연결돼 금강산, 아니 더 멀리 백두산까지 자전거 페달을 밟으며 갈 수 있기를 마음속으로 소원해 본다.

잠시 숨을 돌려 쉬기도 하면서 얼마간 페달을 밟으니 길 왼쪽으로 마장터 들어가는 길목인 박달나무쉼터가 보인다. 여기서부터 본격적인 미시령 오름길이 시작된다. 마장터는 인제에서 고성, 속초로 넘어가는 옛길인 대간령과 소간령 사이에 있던 산중 마을로 사람과 말이 쉬어 가는 주막과 마방이 있어서 유래된 지명이다.

현재의 진부령과 미시령 길이 뚫리기 전까지 대간령 길은 인제에서 고성, 속초 방향으로 넘어가는 대표적 길이었다. 예전에 젊은 친구들이랑 미시령에서 출발해 신선봉을 넘고 대간령을 지나 마장터에서 야영을 하던 기억이 새롭다.

조금 더 페달을 밟으니 오른쪽으로 도적폭포 오르는 길도 보인다. 오래전에 후배들 몇 명이랑 설악산에서 내려와, 내가 오늘 저녁에 하루 묵을 한계리 후배 집에서 주酒님을 모시며 며칠을 뭉그적거리다가 심심파적으로 도적폭포를 오른 적이 있다. 그때 산행기 일부를 옮겨 본다.

오늘은 도적폭포 계곡을 가기로 한다. 미시령길을 지나갈 때마다 들어가 보고 싶었던 곳. 4명 모두가 처음인 도적폭포.
모두들 일어나 주섬주섬 배낭을 꾸린다. 도적폭포 입구에 있는 펜션 겸 모텔 주차장에 차를 파킹하고 배낭을 챙기는데 펜션 주인이 나와서 이곳은 산행 금지 구역이라며 못 올라가게 한다.
도적폭포까지만 갔다 오겠다니 배낭은 놓고 가란다. 배낭은 차에 놓아 두고 20여 분을 걸으니 도적폭포이다.
옛날에 이곳 근처에 숨어 있던 도적들이 미시령을 넘던 사람들의 물건을 빼앗고 사람들은 이 소沼에 빠뜨려 죽였다는 전설이 있는 폭포이다.
폭포는 그리 높지 않지만, 뭐랄까? 지금은 고인이 된 고우영 화백이 모 스포츠신문에 연재했던 만화 주인공 변강쇠를 연상시키는 다부지고 딴딴한 모양의 폭포가 그런대로 보기 좋다.
(이하 생략)

미시령 오름길이 서서히 고개를 든다. 지난번 백두대간 고개 넘기의 피로가 일주일이 지났는데도 풀리지 않아서 컨디션이 좋지 않다. 다리 힘도 빠지는 느낌이 들며 페달 밟는 것이 힘들어진다.

내 주특기인 흐느적 신공을 발휘하며 맨 뒤에서 흐느적흐느적 페달을 밟는데 뒤따르던 버스가 가볍게 경적을 울린다. 힘들면 타라는 신호이리라. 기다렸다는 듯이 냉큼 자전거에서 내려 버스에 자전거를 싣는다.

이미 자전거를 타고 두 번씩이나 올랐던 고개이니까 힘들면 버스를 타고 올라가 인증 사진만 찍어도 상관없는 일 아니겠냐고 변명 아닌 변명을 해 대면서….

버스를 타고 미시령 정상에 오르니 간간히 뿌리는 안개비와 흩날리는 안개 속에 주위는 온통 짙은 회색빛이다. 그런데 세상에나! 휴게소가 있었던 신선봉 오르는 쪽은 커다랗고 높은 흙산이 가로막고 있으며 무슨 공사인지는 모르겠으나 2차선 도로 한 면도 막아 놓고 공사가 한창이다.

인증 사진을 찍어야 하기에 부지런히 버스에서 내려 미시령 표지석을 찾아보았으나 분명 있어야 할 표지석이 보이지를 않는다. 급한 마음에 정상 표지판을 인증 사진으로 찍고 버스에 올라 잠수부들이 미리 잡아 놓았다는 자연산 회를 먹으러 속초 장사항으로 향한다.

원래 계획은 장사항까지 자전거를 타고 가는 것이었으나 궂은 날씨로 인하여 긴 내리막길 상태가 좋지 않아 회장이 버스 이동으로 변경했다. 회원의 안전을 위해서 회장으로서는 당연한 조치이다.

백두대간 마흔아홉 번째 고개 미시령彌矢嶺(826m)은 강원도 인제군 북면과 고성군 토성면을 잇는 고갯마루로 강원도의 동서를 연결하는 중요 교통로였다.

《산경표》에는 미시파령彌時坡嶺,《택리지》에는 연수령延壽嶺,《대동여지도》에는 연수파령延壽坡嶺으로 기록돼 있으며, 고려시대에 처음 길이 열렸으나 길이 험하여 폐지됐다가 조선조 성종 24년에 다시 열렸다. 현재의 미시령 길은 1960년대에 개통되었으며 彌矢嶺 표지석은 이승만 대통령이 쓴 것으로 알려져 있다.

2007년 5월에는 고개 밑으로 3.69km의 미시령터널이 뚫려 통행 시간이 20분가량 단축되고 거리도 줄었기에 이제는 대부분의 차들이 미시령터널을 이용한다. 미시령 옛길은 자전거 타는 사람들이나 관광객들이 이용하는 한적한 고개가 되었다.

그런데 미시령의 높이도 각각이다. 정상 표지판에는 767m로,《한국민족문화대백과사전》에는 826m로 돼 있다. 자전거 페달을 밟으며 백두대간 고개를 북진하면서 고개 높이가 서로 다른 것을 너무 많이 보았기에 지금은 무덤덤하지만 답답한 마음은 없어지지 않는다.

짙은 회색바다를 헤치며 속초로 내려가는 버스 오른쪽 창문으로 회색 바다를 뚫고 솟아 있는 울산바위가 장관이다. 둘레가 4km 가까이 되는 평소의 커다란 바위군 모습이 아니고 홀로 우뚝 솟은 단독 봉우리 모습이다. 옆자리에 앉아 있던 회원에게 우문을 한다.
"저거 울산바위 맞아요?"
《대동여지도》에는 울산바위가 천후산天吼山으로 돼 있다. 바람이 세게 불면 바람이 바위에 부딪치며 소용돌이를 치면서 마치 하늘이 울부짖는 것 같은 소리가 난다고 해서 붙여진 이름이다. 그러니 울음(鳴)산이 변해 울산이 되었다는 이야기이다.

이산籬山이라고도 했다는데, 울산바위의 생김새가 울타리를 쳐 놓은 것 같다고 '울타리 리籬'를 썼던 것이다. 그러나 울산바위의 유래로 가장 많이 알려진 얘기는 전설과 같은 아래 이야기이리라.

옛날 조물주가 금강산의 경관을 빼어나게 빚으려고 전국의 잘생긴 바위는 모두 금강산으로 모이도록 불렀다. 경상도 울산에 있었던 큰 바위도 그 말을 듣고 금강산으로 출발했으나 덩치가 크고 몸이 무거워 걸음이 늦다 보니 설악산에 이르렀을 때 이미 금강산은 모두 다 만들어진 후라서 금강산에는 가 보지도 못하고 울면서 그 자리에 머물게 됐는데, 그 바위가 지금의 울산바위란다.

장사항에서 자전거 카페 회원들과 자연산 회를 먹으며 즐거운 시간을 갖다 보니 시계는 어느덧 오후 4시를 향해 가고 있다. 나는 아쉬움 속에 일행과 작별 인사를 나누고, 나를 데리러 온 속초 사는 후배 차를 타고 한계리에 있는 후배의 황토 집으로 가려고 한계령을 넘는다. 양희은이 부른 노래 '한계령'을 흥얼거리며….

1985년에 발표되어 30년이 넘은 지금까지도 많은 사람들에게 사랑받고 있는 노래 '한계령'은 이곳 오색리가 고향인 시인 정덕수가 18살 때인 1981년에 쓴 시 〈한계령에서〉가 그 원본이다. 이 시가 작곡가 하덕규를 통해 '한계령'이라는 노래가 만들어졌으나 노래로 만들어지는 과정에서 그의 시는 많이 첨삭, 변형되었다.

〈한계령에서〉의 시인 정덕수의 학력은 초등학교 졸업이 전부다. 오색초등학교를 졸업하고는 가정 형편상 서울로 올라와 봉제공, 철공소 등에서 막노동을 하며 젊음을 보냈다. 그런데 시의 세계에서는, 정말로 진실된 삶의 세상이라면, 학력이라는 것은 과연 얼마나 필요한 것인가? 어디까지 필요한 것일까?

한 줄기 바람처럼 흘러가는 것이 우리들 세상살이일진대, 학력이라는 껍질은 훌훌 벗어 버리고, 명예와 권력이라는 허울은 더더욱 팽개쳐 버리고… 구름 몰고 다니며 떠도는 바람처럼… 그냥 그렇게 마음 비우고 살아가면 안 되는 것일까?

앞쪽으로 후배 황토 집이 있는 한계리 예술인마을이 보인다. 오늘 잠자리에 다 왔다.

한계리 황토 집. 그곳은 내가 설악산으로 들어가는 전진기지前進基地 중 한 곳이었다. 후배 고등학교 친구들은 물론, 나와는 백두대간이 인연이 돼 산에 같이 다니던 젊은 연놈들도 수시로 드나들며 며칠씩 묵고 가던 우리들의 공동 아지트였다.

2009년 3월 초순. 그 젊은 연놈들 네댓 명이랑 설악산에서 내려와 황토 집에서 며칠을 묵으며 술타령을 한 적이 있다. 그때 긁적거렸던 글 하나를 옮겨 본다.

2009년 3월 1일(일)
날이 밝아 밖으로 나가니 앞산, 뒷산, 가까운 산, 먼 산, 가릴 것 없이, 산에 있는 모든 나무들은 하얀색 옷으로 갈아입었다.
집 주위에 있는 작은 정원수들도 서리라고 하기에는 크고, 상고대라고 하기에는 너무 작은, 하여튼 그런 상고대들을 잔뜩 매달고 있다.

막 떠오른 햇빛에 반사되는 순백의 하얀색이 너무 예쁘다. 높은 산만 산이 아니듯이 큰 나무에 크게 많이 붙는 것만 멋진 상고대가 아님을 새삼 느낀다.

야릇한 흥분 속에 나도 모르게 몸을 부르르 떨면서 그들이 만들어 낸 예쁜 상고대를 보러 가까이 다가간다.

와우~! 아기 뺨에 솜털같이 가녀리고 자그마한 상고대가 햇빛에 반사되어 반짝이는 그 아름다움이란….

요즈음에는 행복이란 것이 별거 아니라는 생각이 종종 들고 하는데, 바로 이런 사소한 것들이 주는 그 무엇인가가 진정 행복인 것 같다. 이런 자그마한 것들이 주는 작은 행복들이 너무 좋고 감사하다.

2009년 3월 2일(월)

아침에 일어나니 이번에는 온천지에 눈이 하얗다. 한 5~6cm는 내린 것 같다. 대청봉에는 20cm가량의 눈이 왔다는 뉴스와 더불어 강원도 산간 지방에는 대설 경보가 내렸다.

후배는 어젯밤의 눈 오심이 환상이었다고, 초저녁잠이 많아 일찍 잠자리에 든 나를 살살 약 올린다.

쓰린 배를 쓰다듬으며 사춘이 차려 준 아침밥을 먹는다.

반주는 말하면 잔소리이다. 반주에 취하고 처마 끝에서 떨어지는 낙수 물 소리에 필 받은 남자 세 놈은 후배가 마지막으로 들고 온 비장의 나폴레옹 코냑 한 분을 모시고는 TV에 설치된 노래기기 반주에 맞춰서 노래가 아닌 돼지 목 따는 소리를 고래고래 내지르며 온갖 광란을 떨다가 스르르 잠 속으로 빠져든다.

비척이며 일어나니 오후 2시. 사춘이 운전하는 차에 몸을 싣고 서울로 향하며 2박 3일간 모신 주님을 대충 헤아려 본다.

2홉들이 소주 50분, 캔맥주 20분, 병맥주 16분에다가 코냑 2분이다. 물론 조금 덜 마시고 많이 마신 연놈들이 있지만 정말로 못 말리는 연놈들이다. 아이구~~ 이 웬수들아~~!

13

열세 번째 길
78km 5시간 50분

한계리 황토 집 – 한계령 – 조침령 – 구룡령(통과) – 오색버스터미널 – 동서울터미널

　다음날 새벽같이 일어나 어제저녁 과음으로 아직도 비몽사몽간을 헤매고 있는 황토 집 주인과 속초 사는 후배와는 말없는 작별을 하고 한계령으로 자전거 페달을 밟는다. 꾸물거리는 날씨가 당장 비라도 뿌릴 것 같으나 이제는 모든 것을 하늘에 맡길 수밖에 없다.
　전조등과 후미등을 모두 켜고 얼마간 페달을 밟으니 왼쪽으로 옥녀탕계곡이 보인다. 출입금지 구역인 옥녀탕계곡을 치고 오르면 신라 마지막 태자인 마의태자와 관계가 있다는 한계고성寒溪古城이 나온다. 2008년 5월 어느 날, 후배들이랑 이곳 옥녀탕에서 산행을 시작해, 계곡을 치고 올라가 한계고성을 거쳐서 안산을 오른 후 십이선녀탕으로 하산한 적이 있다. 그때의 산행기 일부를 옮겨 본다.

옥녀탕 근처에다 차를 주차시키고 재빠르게 옥녀탕계곡으로 스며든다. 이곳이 출입금지 구역이기 때문이다.

계곡을 따라 간간히 나타났다 사라지곤 하는 길을 얼마간 오르니 갑자기 나타나는 성 하나. 한계고성이다.

안내판에는 신라 마지막 태자인 마의태자가 쌓았다는 이야기와 궁예가 쌓았다는 설이 있는 성이라고 적혀 있는데, 깊고 험하기만 한 계곡 언덕 위에 성을 쌓은 이유는 무엇일까?

《한국문화대백과사전》의 내용을 잠시 들여다보자.

한계고성은 둘레 약 1.8km이며 강원도 기념물 제17호이다.

해발 1,430m의 안산鞍山에서 남쪽 계곡을 에워싼 포곡식包谷式 산성으로 계곡 쪽에 남문 터가 있고, 성 안에는 절터, 대궐 터, 천제단 등이 있다.

전설로는 신라 경순왕 때 축조되었다고 하며, 마의태자麻衣太子가 신라부흥운동을 할 때 성을 중축하고 군사를 훈련시켰다고도 한다. 그러나 고려 후기에 몽고의 침입과 홍건적의 침입 등 잦은 이민족의 침입 때문에 부근 주민들을 보호하기 위해 축성된 것으로 여겨진다.

(이하 생략)

흐느적거리긴 했지만 쉬지 않고 페달을 밟아 한계령 정상에 오르니 안개비와 더불어 짙은 안개가 춤을 춘다. 한 치 앞도 잘 보이지 않는 짙은 안개이다.

백두대간 마흔여덟 번째 고개 한계령寒溪嶺(1,004m)은 강원도 인제군 북면 한계리와 양양군 서면 오색리를 잇는 고개로, 영동 지방과 영서 지방의 분수령을 이룬다.

양양군에서는 오색령五色嶺 또는 소동라령所東羅嶺이라고 불렀는데 길이 험하고 긴 양양군 쪽에는 도둑들이 들끓었기에, 양양군 서면 오가리 길목 바위에는 해가 지면 이 고개를 넘지 말라는 금표비禁標碑도 서 있단다.

옛날에는 한계령을 중심으로 양양군에 해당하는 산을 설악산, 인제군에 해당하는 산을 한계산이라 불렀다 하니 지금의 한계령은 인제 쪽의 한계산에서 유래했을 것이다.

한계리 쪽에 있는 한계령이라고 써진 표지판 사진을 찍고 오색리 쪽 표지석으로 향한다. 예전에는 고개 이름 표지석도 한계령 하나뿐이었던 것으로 기억하고 아직까지도 많은 사람들이 한계령이라고 부르고 있으나, 지금은 양양군 오색리 쪽에는 백두대간 오색령이라는 커다란 표지석이, 인제군 한계리 쪽으로는 한계령이라고 적힌 기다란 표지판이 따로 세워져 있다. 이 또한 지자체가 시행되면서 생긴 각 지자체들의 홍보 정책 일환인가 보다.

설악산은 모든 능선과 계곡, 대피소까지도 많은 추억들이 있는 산이다. 그러니 한계령 또한 이런저런 추억이 없을 수가 없다. 휴게소 뒤편 설악루로 오르는 108계단은 설악산 서북릉을 지나 주봉인 대청봉으로 오르는 길인데, 춘하추동을 가리지 않고 이 길을 거쳐 설악산을 올랐던 적은 수도 없이 많다.

나이 70이 되기 전까지, 50여 년간 산을 다니면서 내가 설악산 품에 안긴 것만도 100번은 훨씬 넘을 터인데, 아마도 20여 번 이상은 한계령을 거쳐 설악산을 오르고 내려왔을 것이다. 그러나 산을 오르지 않는 지금의 나에게는 먼 추억의 한 페이지일 뿐이다.

인증 사진을 찍고 조침령을 향해 오색리 쪽으로 다운힐을 한다. 조침령

(터널)까지는 대략 35km가량인데, 마지막 4km가량이 극악의 오르막이라니 자전거를 끌고 갈 것을 예상하면 2시간 30분 이상 걸리겠다. 오색으로 내려가는 길과 계곡은 짙은 안개 속에 오리무중이다. 전조등과 후미등을 켜고 헬멧 뒤에 매달아 둔 등도 켠다.

잠시 다운힐을 하니 오른쪽으로 필례약수 들어가는 길이 보인다. 필례약수는 주변 모습이 베 짜는 여자 필녀匹女 같다고, 또는 필례라는 여자가 발견했다고 하여 필례약수라고 불리며 철분이 많고 위장병, 피부병에 좋다고 알려진 약수이다. 이 길을 쭉 따라가면 귀둔, 현리, 진동계곡 등을 거쳐 내가 오늘 넘어야 할 구룡령과 조침령으로도 갈 수 있다.

재작년 여름에는 어제 헤어진 자전거 카페 회원들이랑 인제읍에서 자전거 페달을 밟기 시작해 한계령을 올라와, 이 길을 따라 진동계곡을 지나고 구룡령을 넘어 양양 바닷가까지 페달을 밟은 후, 바닷가 횟집에서 회를 한 접시 먹고 서울로 돌아오기도 했다.

필례약수 맞은편에는 은비령이라는 식당이 있다. 은비령은 후배들이랑 설악산, 점봉산, 가리봉 등을 오르내리다 들러서 술깨나 마셨던 식당이다. 때로는 식당 근처에 있는 펜션, 벨리하우스 주인으로 한계리 황토 집 후배와 친한 사이인 우스님을 만난다는 핑계로 일부러 은비령을 찾아와 그들과 함께 술을 마시며 해롱거린 적도 수 없이 많다.

우스님은 역학易學에 일가견이 있던 벨리하우스 주인의 별명이다. 그러다 은비령 식당 문 닫을 시간이 되면 벨리하우스로 자리를 옮겨 계속 술을 마시며 밤을 새우는 것도 다반사였다.

이곳에는 은비령隱秘嶺이라고 불리는 고개도 있다. 은비령은 실제 고개가 아니고 1997년도에 제42회 현대문학상을 받은 이순원 중편소설《은비령》에 나오는 가상의 고개다. 은비령이라고 불리는 그 고개를 지역 주민들은 그냥 한계령이라고 부르거나 작은 한계령 또는 필례약수가 있다고 해서 필례령이라고 불렀다.

그러다 소설《은비령》이 발표되면서 은비령이라고 불리는 고개를 찾는 사람들이 많아지자 지역 주민들도 그 고개를 은비령 이라고 부르기 시작했고 이정표까지 붙이는 등 지명으로 굳어졌다. 소설상의 가상 지명이 실제 지명으로 바뀐 사례이다.

추억이 제법 있는 필례약수 쪽으로는 그냥 눈길 한 번 주고 나는 다운힐을 계속한다. 자욱한 안개 속에 길은 계속 오리무중이며 노면 상태도 좋지 않다. 헤어핀이 계속되는 길을 브레이크를 잡으며 조심스레 다운힐을 하다 보면 오른쪽으로 2006년도 폭우로 인한 산사태 상처가 아직도 아물지 않은 계곡 하나가 보인다. 흘림골이다.

7형제봉 능선, 만물상, 용소폭포, 주전골, 선녀탕 등 아름다운 명소가 많은 흘림골은 이 일대의 주목 도벌 사건으로 20여 년간 통제되다가 2005년도에 다시 개방됐으나 다음해 7월에 시간당 122mm씩 물 퍼붓듯 내린 폭우로 심하게 훼손돼 다시 폐쇄됐다. 그러나 계속되는 주민들의 탄원으로 현재는 일부만 개방하여 운영 중이다.

2008년 추석이 지난 어느 날, 추석 차례를 지내고 힘들어하던 집사람이랑 오색 그린야드호텔에다 터를 잡고 2박 3일간 설악산 자락을 어슬렁거렸다. 그때 흘림골로 들어가 오색약수까지 걸었던 산행기 일부를 옮겨 본다.

오늘 일정은 흘림골 돌아보기다. 남설악 자락인 흘림골은 언제나 안개가 끼고 날씨가 흐린 것 같은 골짜기라고 하여 붙여진 이름이다.

아침에 먹던 밥과 반찬을 주섬주섬 배낭에 챙겨 넣고 흘림골 입구로 차를 몬다. 어제 한계령을 넘어오면서 이미 본 모습이기는 하지만 설악산 일대의 많은 골짜기들은 2년 전의 수해 후유증으로 아직도 심한 몸살 중이다.

흘림골도 예외는 아니어서 숲으로 가려져 보이지 않던 흘림골 들어가는 골짜기도 수해로 숲이 없어지는 바람에 훤하게 치부를 보이며 누워 있다.

또 자연 상태였던 등산로도 거의가 철 계단과 나무 계단으로 바뀌었다. 그러나 계단 때문에 등반 시간이 엄청 단축됨은 좋은 점이기도 하다.

계단을 따라 얼마간 오르니 여심폭포女深瀑布가 나온다.

전에는 등산로에서 약간 비껴서 숨어 있던 여심폭포가 새로 만든 길에서는 등산로 길가로 바로 나와 있다. 가랑이를 벌리고 오줌을 찔끔거리는(?) 모습이 조금은 민망스럽다.

바위와 물의 절묘한 조화로 이루진 폭포 모양이 마치 여성의 은밀한 곳을 닮았다고 하여 여심폭포라고 불리는 이 폭포는 이곳 물을 마시면 아들을 낳는다는 속설 때문에 신혼부부들의 단골 경유지다.

흘림골 최고의 전망대인 등선대登仙臺에 올라 주위 조망을 즐긴다. 한계리 후배 황토 집에 머무를 때면 아침마다 문안을 드리던 안산 자락의 상투바위와 고양이바위가 바로 눈앞이다.

그 옆으로는 안산이 우뚝하고, 다시 그 오른쪽에는 귀때기청봉이 우람하다.

(이하 생략)

설악산 대청봉을 오르는 최단 코스인 오색설악산 매표소도 지나고, 오색약수 입구도 지나며 설악로를 따라 계속 페달을 밟는다. 2009년 6월에 개통된 남설악터널을 지나 논화 삼거리에서 창촌 방향으로 우회전을 하니 길은 구룡령로로 바뀐다.

　40분가량 페달을 밟으니 서림삼거리이다. 조침령(터널)은 서림삼거리에서 현리 방면으로 우회전해야 한다. 우회전을 하자마자 앞으로 보이는 조침령 오르는 길이 내 눈에는 완전 절벽으로 보인다. 구불구불, 헤어핀도 대단하다. 조침령(터널)까지 거리도 4km란다. 이럴 때는 얼른 자전거에서 내리는 것이 그간에 터득한 노하우이다.

　오를수록 고개를 세우는 고개는 고개조차 들기가 버겁다. 고개를 푹 숙이고 자전거를 끌며 비실비실 고개를 오른다. 힘든 고개를 오를 때마다 나도 모르게 중얼거렸던 말이 다시 튀어나온다.

　"이 나이에 내가 미쳤지."

　하여튼 1시간가량을 흐느적거리니 조침령(터널)이다. 그런데 표지석도 표지판도 없다. 터널 입구 오른쪽으로 나 있는 흙길을 오르면 터널 위에 표지석이 있다고는 하지만 지금의 컨디션으로는 자전거를 끌고 그곳을 오르고 싶은 마음은 추호도 없다. 터널을 인증 사진으로 대신하고 길옆에 주저앉아 물을 마시며 쉼 시간을 갖는다.

백두대간 마흔일곱 번째 고개 조침령鳥寢嶺(770m)은 강원도 양양군 서면과 인제군 기린면을 잇는 고개이다.

조선 영조 33년(1757년)에 편찬한 전국 읍지인 《여지도》에는 조침령阻沈嶺으로, 조선 후기의 《해동지도》에는 조침령阻枕嶺, 《산경표》와 고산자 김정호의 《청구도》에는 조침령曹枕嶺으로, 한글은 같지만 한자는 모두 다르게 기록돼 있다.

옛날 지명을 나름대로 분석해 보면, '조阻'는 막히다, 험하다의 뜻이고 '침枕'은 흔히 베개를 뜻하지만 가로막다는 뜻도 있다. '침沈'도 가라앉다, 막히다의 뜻이다. 그러니 옛날 지명인 阻沈嶺이나 阻枕嶺은, 대체로 '고개가 험하고 막혀 있다는 의미이다.

그런데 언제부터 새도 자고 넘는 고개인 조침령鳥寢嶺으로 바뀌었는지? 물론 고개가 험하고 막혀 있으니 새들도 힘들어 자고 갈 수도 있겠고, 또 고개가 험하다 보니 새처럼 훨훨 날아서 넘고 싶은 마음을 담아서 새 조鳥를 넣었는지는 모르겠지만 출처가 불분명한 지금 한자보다는 옛날 이름 한자들로 다시 환원할 수는 없는 것일까?

내가 다음에 오를 고개는 **백두대간 마흔여섯 번째 고개 구룡령**九龍嶺(1,013m)이다.

북진하는 순서대로 고개를 넘는다면 오대산 구간인 마흔네 번째 고개 대관령과 마흔다섯 번째 진고개를 먼저 넘고 운두령을 거친 후, 그다음에 구룡령, 조침령, 한계령, 미시령 순으로 올라야 하지만 마흔아홉 번째 고개 미시령을 먼저 오르다 보니 순서가 꼬이고 뒤죽박죽되었다. 이제는 어쩔 수 없이 그냥 백두대간 고개를 넘었다는 것에 나름의 위안을 삼을 수밖에 없다.

구룡령은 강원도 양양군 서면과 홍천군 내면을 잇는 고개로 56번 국도가 지난다. 가파르고 험한 아흔아홉 굽이 고갯길이 마치 용이 승천하는 것처럼 구불거린다 하여 구룡령이라고 부른다.

재작년 여름에 자전거 카페 회원들이랑 인제에서 자전거를 타기 시작하여 진동계곡을 거쳐 굽이굽이 길기도한 구룡령을 힘들게 올라온 적이 있다. 그때 정상에 있던 포장마차에서 내가 권했던 한 잔 막걸리 맛을 잊을 수 없다고 지금도 이야기하는 회원이 있을 정도로 오름이 힘든 고개이긴 하다.

조침령에서 잠시의 휴식을 끝내고 구룡령으로 가기 위해 자전거에 오른다. 그리고 올라왔던 길로 자전거를 되돌려 조심스럽게 다운힐을 한다. 일반적으로 내리막은 신난다고 말하지만 나는 무섭기만 한 게 내리막이다. 더군다나 이런 급경사의 내리막이니 브레이크를 계속 잡으며 조심스럽게 다운힐을 하여 서림삼거리에 다다른다.

구룡령은 서림삼거리에서 우회전하여 거의 오르막인 길을 20km 가까이 올라야 한다. 갑자기 마음에 갈등이 생긴다. 구룡령은 이미 2번이나 올랐던 고개이고 정상에서 찍은 개인 사진도 두어 장 있기 때문이다. 더군다나 구룡령을 오르면 서울 가는 차편이 여의치 않다.

주저주저하다가 께름칙한 마음을 달래며 구룡령은 오르지 않기로 한다. 그리고 힘없는 늙은이의 일탈로 생각해 주기 바라며 자전거 핸들을 좌측으로 꺾는다. 1시간가량이면 갈 수 있는 오색버스터미널을 향하여⋯.

오색버스터미널에 오니 12시가 넘어가고 있다.

오색五色의 명성이 지금은 많이 퇴색했지만 한때는 오색약수 때문에 이름깨나 날리던 관광지였다. 빈혈, 위장병, 신경통, 피부병 등에 효과가 있다고 알려진 오색약수는 조선 중기인 1500년경에 인근에 있는 성국사 승려가 발견했단다.

오색이라는 이름은 성국사 후원에 5가지 색의 꽃이 피는 신비한 나무에서 그 이름이 유래되었다고 하기도 하고, 이곳의 약수에서 5가지 맛이 난다고 해서 오색약수라 불리면서 오색이라는 이름이 됐다고 하기도 한다.

오색 또한 나에게 추억이 제법 있는 곳이지만 지금은 밥 먹는 것이 우선이다. 아침이라고 먹은 것이 5시에 한계리 황토 집을 나서면서 먹은 초코파이 하나와 초콜릿 한 개, 중간에 먹은 파워 젤 한 봉뿐이기 때문이다. 허겁지겁 식당을 찾아 들어가 산채비빔밥을 시키며 의자에 주저앉는다.

14

열네 번째 길
10km 40분

동서울터미널 – 백담입구터미널 – 진부령

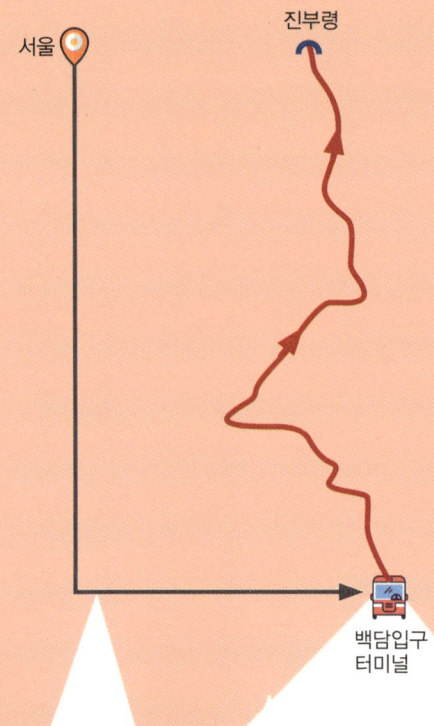

　백두대간.

　우리나라 민족의 뿌리 백두산에서 발원하여 1,400km를 물 한 번 건너지 않고 남쪽으로 계속 뻗다가 마지막으로 어머니의 산 지리산을 불끈 세워 놓고 스르르 그 맥을 다하는 우리나라 등뼈 산줄기 백두대간.

　때로는 낮은 자세로, 경우에 따라서는 고개를 빳빳하게 세우고 용트림하며 지리산까지 굽이굽이 내려온 백두대간은 삶이 팍팍할 수밖에 없는 우리나라 민초들에게 삶의 터전을 마련해 준 푸근한 어머니의 품이기도 하다.

　그 백두대간 고개 넘기를 지리산 성삼재에서 시작한 나에게 남녘땅 백두대간 마지막 고개는 진부령이다.

　2019년 8월 20일 새벽.

　백두대간 마지막 고개 진부령으로 가기 위해 동서울터미널로 자전거 페달을 밟는다. 애마야! 드디어 우리가 갈 수 있는 백두대간 마지막 고개로 가는구나. 우리 끝까지 파이팅하자.

　7시 5분에 동서울터미널을 떠난 버스는 2시간 만인 9시 5분에 백담입구 터미널에 우리를 내려 준다. 여기에서 진부령까지는 10km가량의 거리이고 길도 평탄하니 약 40분 정도면 갈 수 있겠다. 설악산을 오르내리면서 수 없이 걸었던 백담사 들어가는 길목으로는 눈길 한 번 주고 미시령로를 따라 자전거 페달을 밟는다.

　매바위 인공폭포가 보이는 용대삼거리에서 자전거 핸들을 좌로 꺾어 20분가량 페달을 밟으니 앞으로 진부령미술관이 보인다. 남녘땅에서 일반 사람들이 갈 수 있는 백두대간 마지막 고개 진부령. 강원도 고성군 간성읍 흘리라는 동네 한 곳에 다소곳하게 앉아 있는 진부령珍富嶺(520m)에 다 온 것이다.

　지리산 성삼재에서 이곳 설악산 진부령까지, 백두대간 고개 50개와 거치지 않을 수 없는 무릉고개를 비롯한 13개 고개 등 모두 63개의 고개를 자전거 페달을 밟으며 넘어오는 것은 70 중반의 나에게는 결코 쉽지 않은 도전이었다.

　비록 늦은목이, 댓재, 구룡령은 이런저런 이유를 대면서 오르기를 포기했고, 도래기재는 힘듦에 따른 방심으로 나도 모르게 그냥 지나치고 말았지만 나름대로는 최선을 다한 백두대간 고개 넘기였기에 내 스스로에게 상이라도 주고 싶은 마음이다.

　인증 사진으로 진부령 표지석 앞에서 사진을 찍는데 나도 모르게 눈물이 흐른다. 지금 흘리고 있는 이 눈물은 총거리 1,123km에 달하는 백두대간 상에 있는 63개 고개를 14일간, 94시간 07분에 걸쳐서 넘어오는 동안 아무런 불평불만 없이 허리를 내준 낮고 높은 고개들에 대한 고마움의 눈물이다.

　내가 이렇게 백두대간 고개 넘기를 무사히 마칠 수 있었던 것은, 백두대간 고개라는 말이 무색하게 221m에 불과한 높이의 추풍령을 비롯하여 괘방령, 작점고개, 큰재, 개머리재, 지기재, 신의터재, 화령, 비재 등, 300m대의 낮은 고개들이 높은 고개로 오를 수 있도록 미리 허리를 잔뜩 낮춰서 길을 열어 주었기에 가능했다.

　그러나 높은 고개들 또한 어찌 고맙지 않으랴. 성삼재, 정령치, 만항재, 두문동재, 운두령 등 1,000m가 넘는 높은 고개들은 내가 고개에 올랐다가 다시 내려갈 때마다 충고를 아끼지 않았다.

내가 잘나서 이 고개를 오른 것이 아니고 주위의 작고 낮은 고개들의 여러 가지 도움이 있었기에 무사히 올라온 것이니, 내려갈 때도 교만 떨지 말고 자주 브레이크를 잡으며 "겨울에 냇물을 건너듯이 조심하며 머뭇거리고(與兮若冬涉川)", 주위의 낮은 고개들을 보면서는 "네 이웃 대하듯이 주춤거리고 어려워해야 한다(猶兮若畏四隣)"며 노자가 말한 여유與猶의 뜻을 빌려 계속 충고해 줬다.

그래서 오만과 독선의 아집 속에 고개를 빳빳하게만 세우고 70이 넘도록 살아온 나에게, 올라갈 때는 물론 밑으로 내려갈 때는 더 조심해야 하는 것이 최고의 선이자 덕임을 가르쳐 준 것이 백두대간 고개들이다.

여유與猶는 다산 정약용이 평생을 가슴에 새기며 산 말이었으며 여유당與猶堂은 그의 당호堂號이기도 하다.

그러나 내 눈물은 회한과 아쉬움의 눈물이기도 하다. 내가 자전거 페달을 밟으며 지리산 성삼재를 출발하여 수많은 고개들을 오르내리며 이곳 설악산 진부령에 오기까지, 또 60년 가까이 우리나라 이 산 저 산들을 들락거렸던 나만의 이기심 때문에 얼마나 많은 자연과 산이 파괴되었을까?

深山不法石頭是(심산불법석두시)
大底大圓小底圓(대저대원소저원)
假名慈眼虛費力(가명자안허비력)
鑿破蒼崖喪法身(착파창애상법신)

깊은 산 속 부처 말씀은 바위가 그것
큰 것은 크게 둥글고 작은 것은 작게 둥글다
허상의 부처 만든답시고
공연한 짓 벼랑 깨어 법신 상했네

금강산 어느 바위에 새겨져 있는 마애불을 보고 고려 말 백운선사白雲禪師 경한景閑(1299~1375)이 읊은 시 〈금강산내산석불상金剛山內山石佛相〉이 갑자기 떠오르는 까닭이다.

나는 자전거 페달을 밟아 백두대간 고개를 넘으면서 뿐만 아니라 60년 가까이 우리나라 많은 산들과 고개들을 들락거리면서 공연한 짓거리를 해대고 많은 횡포를 부렸다. 오늘 이 자리에서 그 산들과 고개들에게 그간에 부렸던 무례와 횡포를 용서해 주기 바라며 깊숙하게 고개 숙여 사과한다.

그렇지만 백두대간 고개를 넘으면서 그 당시 시대를 앞서 살아가려 했던 선각先覺의 여인들을 만나 본 것은 아름다운 추억이 될 것이다. 전북 남원 땅에서 만난 춘향 누님을 비롯하여 여원재의 젊은 주모, 무릉고개 아래에 있는 주촌마을 주논개, 강원도 덕항산 기슭의 이름도 고약한 구부시령이라는 고개 아래에서 아홉 남자와 살아야 했던 이름도 없는 한 여인네, 대관령 아랫동네 강릉의 신사임당과 여기에서 언급하지는 않았으나 허균의 누이 난설헌 허초희 등등….

여기에서 그 여인네들의 이야기가 허구인지, 사실인지는 논하지 않겠다. 다만, 여자는 사람 취급도 받지 못하던 질곡의 그 시절에 그녀들이 그런 앞선 생각들을 하며 세상 밖으로 나가려고 한 까닭만 생각하련다.

그 외에도 역사의 뒤안길로 소리 없이 묻혀 버린 조선시대 민초들의 이야기들 또한 백두대간 고개들과 그 자락에는 수없이 많으리라. 당연하게 많다. 그렇기에 백두대간 고개들은 민초들 삶의 현장이자 기록되지 않은 우리나라 이면사가 흠뻑 물들어 있는 역사의 현장이기도 하다. 다만, 내 가방끈이 짧기에 그것을 하나하나 캐내서 기록하고 전하지 못한 채 많은 의문 부호만 남기며 끝냄이 종내 아쉬울 뿐이다.

끝으로 엉성하기 그지없는 졸저에 백두대간 구간별 자전거 이동 경로 지도를 만들어 줘, 책을 더욱 알차게 꾸며 주고 저자 소개까지 멋지게 해 준 초·중·고 동창 이만구 교수와 백두대간 고개 넘기 출발 전에 브레이크를 비롯해 모든 자전거 부품들을 꼼꼼하게 손봐 줘 잔 고장 하나 없이 무사하게 고개들을 넘을 수 있게 해 준 성진바이크 김 사장에게도 고마움의 인사를 전한다.

애마야! 너한테는 무슨 할 말이 있겠니? 애썼다는 말밖에는 할 말이 없구나.

눈물을 훔치며 고개를 든다. 앞쪽으로는 길게 늘어선 백두대간 금강산 향로봉 능선이 뚜렷하다. 앞산에 가려 향로봉은 보이지 않지만 10여 년 전에 군軍의 허가를 받아 배낭 메고 걸어서 올라갔었던 금강산 향로봉.

내 생전에 저 능선 끝에 우뚝 솟아 있을 향로봉으로 자전거 페달 밟으며 오를 날이 있을까? 그래서 북녘땅 백두대간 고개들을 계속해 넘은 후 백두산 천지 앞에서 이렇게 고마움의 인사를 또 할 수 있을까? 그럴 수 있기를 마음속으로 간절하게 소원해 본다.

《산과 술, 그리고 벗》,《자전거 페달을 밟으며》에 이어서 이 책도 집사람에게 줄 것이다. 이로써 생전에 책 3권은 집사람에게 주겠다던 나와의 약속도 마무리했다.

이제… 아무런 불평불만도 없이 가만히 내게 등을 내밀어 준 백두대간 50개 고개와 백두대간을 넘기 위해서는 넘지 않을 수 없는 13개 고개 등, 모두 63개 고개 이름을 불러 보며 쉽지 않았던 내 여정을 마무리한다.

성삼재, 정령치, 여원재, 복성이재, 무릉고개, 육십령, 빼재, 소사고개, 덕산재, 부항령, 안간재, 우두령, 괘방령, 추풍령, 작점고개, 큰재, 개머리재, 지기재, 신의터재, 화령, 비재, 장고개, 갈목재, 밤티, 늘재, 버리미기재, 이화령, 소조령, 지릅재, 하늘재, 여우목고개, 벌재, 저수령, 죽령, 고치, 마구령, (늦은목이), 주실령, (도래기재), 둘째내리고개, 첫째내리고개, 화방재, 만항재, 싸리재, 피재, 건의령, (댓재), 백복령, 갈고개, 버들고개, 삽당령, 비오치, 닭목령, 피덕령, 대관령, 진고개, 운두령, (구룡령), 조침령, 한계령, 미시령, 진부령.

모두들 고맙다. 이름도 모르고 넘은 고개도 몇 개 있다. 그 고개들도 고맙기는 마찬가지이다.

피곤하다. 그만 쉬어야겠다.